k3
kolja Kleeberg kocht

k3
kolja kleeberg kocht

Die besten Rezepte aus dem

sat.1
frühstücks
FERNSEHEN

vgs

Die Deutsche Bibliothek - CIP-Einheitsaufnahme

Kleeberg, Kolja: K3 - Kolja Kleeberg kocht : die besten Rezepte aus
dem Sat1-Frühstücksfernsehen. - Köln : vgs, 2002
ISBN 3-8025-1501-3

© Sat.1 2002 www.sat1.de
Lizenz durch: MM Merchandising München GmbH
www.merchandising.de

Bildnachweis:
Mauritius – Die Bildagentur: S. 74, S.82
Alle übrigen Fotos: Cornelis Gollhardt, Köln/Stephan Wieland,
Düsseldorf

Redaktion: Michael Büsgen
Lektorat: Judith Abel
Umschlaggestaltung: Sens, Köln
Innenlayout und Satz: Petra Lohmeier, Düsseldorf
Produktion: Angelika Rekowski
Druck: Appl, Wemding
Printed in Germany
ISBN 3-8025-1501-3

Besuchen Sie unsere Homepage www.vgs.de

**Die Abkürzungen in den
Rezepten bedeuten:**
EL = Esslöffel
TL = Teelöffel
Msp. = Messerspitze
Päck. = Päckchen
Stk. = Stück
TK = Tiefkühlkost
Tr. = Tropfen
Bd. = Bund
cl = Zentiliter
Bl. = Blatt

Inhalt

7   Vorwort
9   Bestes vom Bauern -
    eine kleine Warenkunde

17 Suppen
18 Zwiebel-Biersuppe mit Romadur überbacken
20 Schaumsuppe vom deutschen Gouda mit jungem Wein und Quarkbackerbsen
21 Kartoffel-Steinpilzsuppe mit gegrillter Entenbrust
22 Rheinische Brotsuppe mit Miesmuscheln
24 Gazpacho andaluz
26 Grünkohlsuppe mit geräuchertem Schweinefilet und Kartoffelstroh

27 Salate, Snacks & Co.
28 Nudelsalat K3
30 Berliner Bockwurstsalat
31 Brotsalat mit Speck, pochiertem Ei und Allgäuer Bergkäse
32 Knuspriger Knödelsalat mit Limburger
34 Wintersalat mit Rotkohl, Chicorée und Radicchio mit Blauschimmelkäse und Walnuss-Vinaigrette
36 Kartoffelsalat K3
37 Blutwurstgröstel mit würzigen „Armen Rittern", Egerlingen, Radieschen und körnigem Frischkäse
38 Grüne Buttermilch mit Räucherforellentopinki
40 Kartoffel-Birnen-Rösti mit Gruyère und Emmentaler
41 Spinattorte
42 Schwarzwälder Schinkenpfannkuchen mit dicken Bohnen

44 Harzer Käse mit Senfgurken, Dill und Schalotten in Sylvaner eingelegt, dazu Roggenbrot und Apfelschmalz
46 Selbst gemachte Quarkspätzle mit Handkäse

47 Fleisch & Geflügel
48 Blankett von der Lammschulter mit Zitronen-Thymiancreme
49 Kasselernacken mit Maronen und Apfelwein
50 Gebackene Kalbsbrustspitzen mit Schmorgurken und Senfkörnersauce
52 Panierte, gebackene Lammschnitzel aus der Keule mit Kartoffel-Feldsalat
53 Rostbraten vom Kalbsentrecôte mit Krautspätzle
54 Gegrillte Schweinerippchen mit Ingwerrotkohl
56 Gekochte und mit Weißbrotcroûtons überbackene Rinderschulter mit Senfbirnen
57 Westfälischer Pfefferpotthast vom Rinderfilet
58 Entenbrust-Paprikaspieß mit Couscous-Salat und körnigem Frischkäse
60 Geschmortes Hähnchen mit Senf und Backpflaumen
61 Putenrollbraten in Buttermilch geschmort
62 Hähnchen mit Pastis und Knoblauch
64 Weihnachtsente

65 Fisch

66 Matjes mit grünen Bohnen und Wacholder
67 Schellfisch im Reisblatt mit Spinat und
   Linsen
68 Im Ganzen gebackene Forelle
70 Hamburger Kartoffelgratin
71 Rollmops von der Forelle
72 Kross gebratene Makrele mit Kopfsalat,
   Erbsen und jungem Knoblauch
74 Zander mit krosser Haut auf Paprika-
   Kürbisgemüse

75 Gemüse

76 Büroklammerspargel mit Hügelsheimer
   Pfannkuchen
78 Schwarzbrotknödel mit Wirsinggemüse
79 Spaghetti mit wildem Broccoli, weißen
   Bohnen und Chili
80 Roter Paprikarisotto mit sautierten
   Schluppen und Parmesan
82 Frischkäseauflauf mit Auberginen, Couscous,
   Kichererbsen und Minze

83 Desserts

84 Buttermilch „Pfirsich Melba" mit
   Marzipankuchen im Glas
86 Rotweinbirne im Emmentaler Käseteig
   gebacken
87 Dresdner Eierschecke
88 Erdbeeren mit Senf, Essig und Vanilleeis
90 Quarkmousse mit Backobst
   (Bibeleskäsmousse)
92 Schokoladenpudding mit karamellisiertem
   Pumpernickel und Chili

93 Register

Vorwort

Nein, ich muss Sie enttäuschen. Ich kann nicht sagen, dass ich schon immer Koch werden wollte. Obwohl mich neben Musik und Theater Kochen schon immer begeistert hat, konnte ich mich zunächst nicht dazu entscheiden, mich mit dieser Tätigkeiten mein Leben lang zu beschäftigen, geschweige denn, damit Geld zu verdienen.

Und sowieso, kochen war doch eher etwas für ein entspanntes Wochenende mit Freunden oder einer Freundin. Das war doch nichts für einen Job an 5 Tagen die Woche, 8 Stunden am Tag (damals dachte ich noch, Köche würden ungefähr so viel arbeiten wie normale Menschen).

Also nahm ich Gesangs- und Schauspielunterricht, arbeitete am Stadttheater in Koblenz, meiner Heimatstadt, und versuchte einen Platz an einer Schauspielschule zu bekommen.

Manchmal frustriert, manchmal erfreut, stellte ich irgendwann fest, dass ich immer wieder meine Textbücher weglegte und statt dessen *Der Feinschmecker*, *Essen und Trinken* und Kochbücher von Bocuse und Eckart Witzigmann las. Ich glaube fast, damals gab es auch noch Max Inzinger als Fernsehkoch.

Irgendwann fragte mich mein Freund Holger, der heute in Frankfurt mit Wein handelt, ob ich Lust hätte, mit ihm ins Elsass zum Essen zu fahren. Keiner unserer gemeinsamen Freunde hatte Lust, ich schon. Und als wir nach sehr abenteuerlichen drei Tagen wieder zu Hause waren, stand fest: Ich werde Koch, Holger lernt erst mal Winzer.

Nach den üblichen Lehr- und Wanderjahren landete ich 1993 in Berlin, wo ich dann 1996 im Restaurant Vau am Gendarmenmarkt, schräg gegenüber von SAT 1, die Arbeit als Küchenchef antrat. Und ohne zu wissen, dass ich der von gegenüber war, fiel bei der Suche nach einem Koch fürs Frühstücksfernsehen nach einem Casting die Wahl auf mich. So habe ich denn heute neben meiner Hauptbühne im Restaurant noch nebenbei die kleine Bühne im Frühstücksfernsehen.

Warum bloß bin ich denn überhaupt Koch geworden und nicht, wie ursprünglich geplant, Schauspieler? Natürlich nicht, um 14 Stunden bei durchschnittlich 45 °C in einer Küche zu stehen, bis der Arzt kommt, sondern, weil ich wohl irgendwie das Gefühl hatte, dass Essen, Trinken, das Zubereiten von Speisen und natürlich das Bewirten von Gästen etwas Besonderes ist.

Frei nach Alfred Walterspiel: Köche verdienen viel Geld und können die besten Sachen selber essen.

Kochen ist ständiger, naher Kontakt mit der Natur und ihren Produkten. Das Auseinandersetzen damit, wie und wann man die besten Produkte erhält, das Wissen um die natürlichen Abläufe von Säen, Wachsen, Gedeihen und Ernten, das Bewusstsein, dass im Jahreslauf jede Jahreszeit ihre Besonderheit hat, dieses Hineintauchen und sich Suhlen in den Geschenken der Natur, das ist die Besonderheit dieses Berufs. Für mich bedeutet er vor allem eins: Ganz nah am Leben, ganz tief im Leben drin, ganz einfach das pure Leben.

Hausmannskost?

Im Gault Millau 2002 wurde meine Küche im Vau mit dem Attribut Hausmannskost belegt. Obwohl das durchaus wohlwollend gemeint war, glaubte ich meinen Augen nicht zu trauen: Hummer mit Fenchel und Feigen, Flusskrebse mit Paprika und Vanille, Steinbutt mit Oliven, das also soll Hausmannskost sein? Aber je öfter ich daran dachte, desto mehr begriff ich es als Kompliment. Wo liegt der Sinn eines Gerichtes, über das zwar jeder sagt: „Das hab ich ja noch nie gesehen", dessen Teller aber unabgeleckt in der Spülküche stirbt.

Auch das komplizierteste Gericht muss man essen können, auch die teuerste Flasche Wein wurde einmal abgefüllt, um getrunken zu werden. Also lege ich jedem Gericht das Etikett bei „Vorsicht, Hausmannskost! Zum genüsslichen Verzehr bestimmt!" und die Gäste sind zufrieden.

Und in den knappen 4 ½ Minuten montags, mittwochs und freitags im Frühstücksfernsehen geht es erst recht nicht um Hummer und Trüffel, sondern um „Hausmannskost", die jedoch, angepasst an die moderne Ernährungsweise und eventuellen Zeitmangel, ab und zu im neuen, leichteren Gewand und in ungewohnter Begleitung daherkommt.

Kochen macht sexy und Essen macht glücklich!

Kolja Kleeberg

Bestes vom Bauern

– eine kleine Warenkunde

DEUTSCHLAND HAT GESCHMACK

Gesund essen, ohne auf Genuss zu verzichten, wer will das nicht? Das riesige Angebot an Lebensmitteln in Deutschland – vom Apfel über Quark bis hin zum zarten Filet – eröffnet jeden Tag neue Möglichkeiten für einen abwechslungsreichen und gesunden Speiseplan. Was die Inhaltsstoffe unserer Lebensmittel leisten, wie sie hergestellt werden und was man bei der Lagerung und Zubereitung beachten muss, sehen Sie im Folgenden.

MILCH – EIN VERWANDLUNGSKÜNSTLER

Milch eignet sich so wie die Natur sie liefert als Nahrungsmittel, ist gleichzeitig aber auch sehr verwandlungsfähig. Neben gut verwertbarem Eiweiß bietet Milch Kohlenhydrate in Form von Milchzucker und Milchfett. In der Milch ist vor allem Calcium, ein unentbehrlicher Mineralstoff für Knochen und Zähne, enthalten. Milch und Milchprodukte sind die wichtigsten Calciumlieferanten in unserer Ernährung.

Milch und Milchfrischprodukte

In der Molkerei durchläuft die Milch als Erstes verschiedene Qualitätsprüfungen. Nach der Reinigung, dem Trennen von Magermilch und Sahne, und dem Einstellen des Fettgehalts, erfolgt die Wärmebehandlung. Dabei unterscheidet man hauptsächlich die Ultrahocherhitzung und die Pasteurisation. Durch Pasteurisieren – meistens durch Kurzzeiterhitzung auf 72 bis 75 °C für 15 bis 30 Sekunden – wird die Milch für 4 bis 6 Tage haltbar gemacht. Durch Ultrahocherhitzen bei 135 bis 150 °C für mindestens 2 Sekunden wird die Milch für mehrere Monate haltbar (H-Milch). Nach der Wärmebehandlung wird die Milch homogenisiert, um das Aufrahmen des Milchfettes zu verhindern. Aus Milch kann man die unterschiedlichsten Milchfrischprodukte herstellen, wie Sauermilch oder Dickmilch, Joghurt, Kefir und Buttermilch.

Tipp: Die richtige Lagerung

Milch und Milchfrischprodukte sollte man nicht nur kühl, sondern auch dunkel aufbewahren, denn nur so behalten sie ihren Geschmack und ihren vollen Nährstoffgehalt. Da Milch leicht Fremdgerüche annimmt, sollte sie möglichst in geschlossenen Behältern aufbewahrt, und offene Tüten nicht neben stark riechende Lebensmittel gestellt werden.

Käse

Das Ausgangsprodukt für Käse ist immer Milch. Milch wird durch Zusetzen von Milchsäurebakterien und/oder Lab dickgelegt, damit sich die Molke absetzen kann. Die verbleibende, feste Käsemasse wird zerkleinert und in die jeweils gewünschten Formen gegeben. Durch anschließendes Pressen fließt die restliche Molke ab. Nach einem Salzbad kommt der Käse in Reiferäume mit gleichbleibender Temperatur und Luftfeuchtigkeit, wo er je nach Sorte unterschiedlich lange lagert. In Deutschland gibt es mehrere Hundert verschiedene Käsesorten. Diese werden in verschiedene Käsegruppen eingeteilt: Hartkäse, Schnittkäse, halbfester Schnittkäse, Sauermilchkäse, Weichkäse, Frischkäse, Schmelzkäse und Pasta filata (z.B. Mozzarella).

Was bedeutet Fett i. Tr. (Fett in Trockenmasse)?
Während der Käsereifung verdunstet ein Teil des Wassers, so dass ein Käse im Laufe seiner Entwicklung an Gewicht verliert und fester wird. Das Gewicht der Trockenmasse verändert sich dagegen während der Käsereifung kaum. Deswegen geben die Hersteller den Fettgehalt einer Käsesorte in Prozent der Trockenmasse an. Der absolute Fettgehalt im Käse ist geringer als der in der Trockenmasse. Als Faustregel gilt: Der als „Fett i. Tr." angegebene Wert ist ungefähr doppelt so hoch wie der reale Fettgehalt.

Tipp: Die richtige Lagerung
Käse lagert am besten in kühler, dunkler und luftiger Umgebung. Unter die Käseglocke gelegt oder in atmungsaktive Folie eingepackt, lagert er schonend und behält sein Aroma. Ein idealer Platz im Kühlschrank ist das Gemüsefach. Dort sind die Temperaturen etwas höher als im oberen Teil.

VIELE PLUSPUNKTE – FLEISCH

Fleisch spielt eine wichtige Rolle bei einer ausgewogenen Ernährung und hat deshalb viele Pluspunkte. Es liefert hochwertiges Eiweiß, Vitamine, Mineralstoffe und Spurenelemente. In keinem anderen Lebensmittel steckt so viel verwertbares Eisen wie in Fleisch. Außerdem ist es reich an Selen und B-Vitaminen. Tierisches Eiweiß kann vom Körper besser verwertet werden als pflanzliches Eiweiß. Kombiniert man tierisches mit pflanzlichem Eiweiß, so kann aufgrund der Ergänzungswirkung mehr körpereigenes Eiweiß aufgebaut werden als allein mit pflanzlichem oder tierischem Eiweiß. Außerdem verbessert Fleisch die Aufnahme von Nährstoffen aus pflanzlicher Kost. So werden Eisen und Zink aus pflanzlichen Lebensmitteln besser verwertet, wenn sie in Kombination mit Fleisch verzehrt werden.

Rind-, Kalb- und Schweinefleisch
Die Fleischqualität von Rind-, Kalb- und Schweinefleisch kann der Kunde beim Einkauf anhand einiger weniger Kriterien einschätzen: Farbe, Faserstruktur, Marmorierung und Geruch. Diese äußeren Merkmale werden von vielen Faktoren beeinflusst: Rasse und

Geschlecht der Tiere, Alter, Herkunft, Fütterung und Haltung, Transport und Schlachtung sowie Behandlung nach dem Schlachten. Beim Kauf helfen als zuverlässige und schnelle Orientierung auch Prüfzeichen wie das QS-Prüfzeichen (Qualität und Sicherheit). Dieses neue Prüfzeichen für Lebensmittel bietet eine lückenlose Qualitätssicherung vom Stall bis zur Ladentheke. Die Verwendungsmöglichkeiten der unterschiedlichen Teilstücke von Rind, Schwein und Kalb hängen wesentlich von der Faserstruktur ab. Feinfaserige Teilstücke eignen sich zum Kurzbraten und Braten, Teilstücke mit festen, gröberen Fasern sind zum Schmoren oder Kochen ideal.

Wann ist das Fleisch gar?
Mit einem Gabeltest kann man diese Frage leicht beantworten. Dabei wird mit einer gebogenen großen Fleischgabel auf das Fleisch gedrückt. Nicht einstechen! Fühlt es sich weich an, dann ist es im Inneren rot, gibt es federnd nach, ist es innen rosa, fühlt es sich hingegen fest an, dann ist es ganz durchgegart.

KEIN EINERLEI – EI & GEFLÜGEL

Sowohl Eier als auch Geflügelfleisch sind nährstoffreiche Lebensmittel. Eier enthalten hochwertiges Eiweiß und nahezu alle Vitamine und Mineralstoffe wie die Vitamine A, B1 und B2 und die Mineralstoffe Calcium, Kalium und Eisen. Ein weiterer Inhaltsstoff im Ei ist Lecithin. Es ist für den Nervenstoffwechsel von Bedeutung und wirkt sich günstig auf den Fettstoffwechsel aus. Geflügelfleisch überzeugt nicht nur im Geschmack, sondern auch durch besondere Inhaltsstoffe: Es ist reich an Eiweiß, Vitaminen – vor allem Vitamin B1 und B2 – sowie den Mineralstoffen Eisen und Zink. Durch seinen geringen Fettgehalt ist Geflügelfleisch für die leichte Küche besonders zu empfehlen.

Tipp: Die richtige Zubereitung
Nur in seltenen Fällen essen wir rohes Fleisch, z.B. ein Mettbrötchen. Meistens steht also vor dem Genuss der Garprozess. Garen lockert das Bindegewebe und verändert die Muskeleiweißstoffe. Sie werden denaturiert und dadurch leichter verdaulich. Damit die wertvollen Nährstoffe des Fleisches erhalten bleiben, sind schonende Garverfahren erforderlich. Die schonendsten Garmethoden sind Garziehen, Dünsten und Dämpfen. Je nach Temperatur, Flüssigkeits- und Fettzugabe unterscheiden wir außerdem Kochen, Schmoren, Braten, Kurzbraten und Grillen. Scharfes Anbraten bei hoher Temperatur dient dazu, eine aromatische Kruste zu erzeugen. Danach sollte man die Hitze verringern, denn hohe Temperaturen über längere Zeit angewandt, können den Nährstoffgehalt negativ beeinflussen. Bei scharfer Hitze während der gesamten Garzeit würde der Braten außerdem trocken.

Gewichts- und Güteklassen

Hühnereier werden in Gewichts- und Güteklassen eingeteilt. Die Güteklasse gibt die Qualität an. Im Handel werden nur Eier der Güteklasse A angeboten. Dies sind frische Eier mit einer makellosen Schale. Zur Sonderklasse „Extra" gehören Eier, die sich durch ganz besondere Frische auszeichnen. Sie sind durch eine Banderole mit dem Aufdruck „Extra" gekennzeichnet. Nach 7 Tagen ab Abpackdatum wird die Banderole entfernt und die Eier werden der Güteklasse A zugeordnet. Die Gewichtsklassen umfassen die Größen XL (Eier über 73 g), L (Eier ab 63 bis unter 73 g), M (Eier ab 53 bis unter 63 g) und S (Eier unter 53 g).

Woran erkenne ich ein frisches Ei?
Weil sich die Luftblase im Ei während der Lagerung vergrößert, lässt sich die Frische des Eies durch eine Schwimmprobe leicht überprüfen: ganz frische Eier bleiben im Wasser flach auf dem Boden liegen, sehr alte Eier schwimmen unterhalb der Wasseroberfläche.

Geflügelfleisch

Einfluss auf die Qualität von Geflügelfleisch haben insbesondere Aufzucht, Haltung, Fütterung, Schlachtung, Kühlverfahren und Behandlung bis zum Verkauf. Beim Einkauf lässt sich die Qualität vor allem durch die Zuordnung des Geflügels zu einer Handelsklasse beurteilen. Festgelegt nach europaeinheitlichen Vermarktungsnormen sind die Zuordnung zu Handelsklassen, der Angebotszustand und die einheitliche Verkehrsbezeichnung für ganze Tiere ebenso wie für Teilstücke, die jeweils frisch, gefroren oder tiefgefroren angeboten werden können. Mit freiwilligen Angaben zur Art der Aufzucht, Fütterung und Kühlverfahren stehen weitere Qualitätskriterien zur Verfügung. Die offene Herkunftskennzeichnung ermöglicht es auch, eindeutig zu erkennen, in welchem Land das Tier geschlüpft ist, wo es aufgezogen und wo es geschlachtet wurde.

FETTE – BESSER ALS IHR RUF

Fette spielen in unserer Ernährung eine wichtige Rolle, sind lebensnotwendig und in einer gesunden Ernährung nicht wegzudenken. In jeder unserer Zellen sind Fette enthalten und sorgen dafür, dass sie optimal arbeiten können. Sie schützen als Organfett das Herz, die Nieren und das Nervensystem und liefern lebensnotwendige Fettsäuren. Sie gewährleisten die Versorgung mit fettlöslichen Vitaminen und sind wichtige Aromaträger. Die

Tipp: Die richtige Lagerung
Eier kann man in ihrer Schale vor Verderb und Verlust der Frische schützen, wenn man sie keinen starken Temperaturschwankungen aussetzt und möglichst kühl (8 bis 10 °C), dunkel und nicht zusammen mit stark riechenden anderen Lebensmitteln lagert – am besten im abgeschlossenen Eifach des Kühlschranks.

Tipp: Der richtige Einkauf
Frisches Geflügel sollte man erst am Ende des Einkaufs aus dem Kühlregal nehmen und zu Hause sofort in den Kühlschrank legen. Bei Tiefkühlgeflügel empfiehlt es sich, diese in mehrere Lagen Zeitungspapier einzuwickeln oder in isolierten Kühltaschen nach Hause zu transportieren. Vom Einkauf bis zur Einlagerung in die Kühltruhe sollten nicht mehr als 1 bis 2 Stunden vergehen. Vor allem, wenn das tiefgefrorene Geflügel nicht umgehend aufgetaut und zubereitet wird.

wesentlichen Bausteine des Fettes sind die Fettsäuren. Diese treten in Form von gesättigten, einfach ungesättigten und mehrfach ungesättigten Fettsäuren auf. Die Art der Zusammensetzung entscheidet darüber, ob ein Fett flüssig, weich oder fest ist. Ein weiteres Unterscheidungskriterium liegt in ihrer Herkunft: Öle werden aus den Samen pflanzlicher Lebensmittel gewonnen, während Milch das Ausgangsprodukt für Butter und Butterschmalz ist.

Butter und Butterschmalz
Butter wird aus dem pasteurisierten Rahm der Milch gemacht. Es gibt drei verschiedene Buttersorten: Süßrahmbutter wird aus ungesäuertem Rahm hergestellt. Bei Sauerrahmbutter werden dem Rahm spezielle Milchsäurebakterien zugesetzt. Die mildgesäuerte Butter liegt geschmacklich zwischen diesen beiden Buttersorten. Sie entsteht aus Süßrahmbutter, die nachträglich schwach gesäuert wird.
Butterschmalz wird aus Butter hergestellt, die geschmolzen und von Wasser und Eiweiß befreit wird. Zurück bleibt das reine Fett, das im Gegensatz zur Butter hoch erhitzt werden kann. Butterschmalz enthält höchstens 0,2% Wasser und hat daher eine lange Haltbarkeit – von neun Monaten ungekühlt bis zu 15 Monaten gekühlt.

Rapsöl
Rapsöl wird aus den Samen der Rapspflanze gewonnen. Der größte Teil des Raps-Speiseöls ist im Handel als undeklariertes Pflanzen- oder Tafelöl zu erhalten. Immer häufiger gibt es auch reines, d.h. deklariertes Rapsöl im Handel. Raps ist die wichtigste Ölsaat in Deutschland. Es enthält besonders viel von der wertvollen einfach ungesättigten Ölsäure, die stabilisierend auf die Blutfette wirken kann. Sein bedeutender Anteil an lebenswichtigen Fettsäuren macht es zu einem unverzichtbaren Öl in der Küche.

Was ist der Unterschied zwischen kaltgepressten und feinem (raffinierten) Rapsöl?
Feines Rapsöl lässt sich bis auf 180 °C erhitzen, ist geschmacks- und geruchsneutral und bringt den Eigengeschmack der Speisen voll zur Geltung. Bei feinem Rapsöl werden im Gegensatz zum kaltgepressten Rapsöl die Rapssamen vor dem Pressen erwärmt und das in den Pressrückständen verbleibende Öl zusätzlich extrahiert. Kaltgepresstes Rapsöl hat einen delikaten nussigen Geschmack und ist vor allem eine Zutat für die kalte Küche.

Tipp: Die richtige Zubereitung
Butterschmalz eignet sich hervorragend zum Frittieren und Braten bei hohen Temperaturen, aber auch zum Kochen und Backen. Durch seinen geringen Wassergehalt spritzt es nicht und verleiht den zubereiteten Lebensmitteln den typisch butterigen Geschmack. Butter ist als Zutat beim Backen nicht wegzudenken und gehört auf jedes „Butterbrot". Sie dient zum Verfeinern von Gemüse, für Saucen, und als pikante Kräuterbutter schmeckt sie besonders gut (nicht nur) zu Gegrilltem.

Tipp: Die richtige Lagerung
Rapsöl sollte dunkel und kühl gelagert werden. Feines Rapsöl kann problemlos bis zu einem Jahr aufbewahrt werden. Kaltgepresstes ist bis zu 6 Monaten haltbar.

BROT UND ZUCKER –
KOHLENHYDRATE EN MASSE!

Kohlenhydrate sind neben den Fetten die wichtigsten
Energielieferanten für den Menschen.

Brot

Brot ist als bedeutender Kohlenhydrat- und Eiweißträger sehr
ballaststoffreich und sättigt sehr gut. Die Inhaltsstoffe des Korns
machen Brot zu Lieferanten von Vitaminen und Mineralstoffen.
Mehr als 300 Brotsorten und Brötchen gibt es in deutschen
Bäckereien zu kaufen. Im Angebot sind reine Roggen- oder
Weizenbrote, Misch-, Vollkorn- und Spezialbrote.

Zucker

Unser Zucker wird aus Zuckerrüben gewonnen – er besteht nahezu ausschließlich aus Kohlenhydraten. Nach der Ernte werden die
Zuckerrüben in der Zuckerfabrik gewaschen und in kleine Schnitzel
geschnitten. Anschließend wird der Zucker mit heißem Wasser
herausgelöst. Der dabei entstehende Saft wird gereinigt und
schließlich in mehreren Schritten eingedickt und zu Haushalts-
zucker verarbeitet.

Ist brauner Zucker besser als weißer?
Als braunen Zucker bezeichnet man sowohl das Zwischenprodukt
der Zuckerherstellung, den Rohzucker, als auch einen mit Melasse
(Zuckersirup) oder Zuckercouleur gefärbten oder durch Erhitzen
karamellisierten Weißzucker. Rohzucker ist nicht vollständig gereinigt und enthält noch Begleitstoffe, die seine gelblich-braune
Farbe und eine begrenzte Haltbarkeit bedingen. Durch mehrfache
Reinigung und Kristallisation wird daraus der weiße Zucker gewonnen. Der aus weißem Zucker gewonnene feinkörnige braune
Zucker unterscheidet sich nicht in der Zusammensetzung, sondern
nur durch einen karamellartigen Geschmack.

Tipp: Die richtige Lagerung

Brot ist am besten in einem
speziellen, gut schließenden
Brottopf aufgehoben. Der
Untergrund sollte möglichst
gewellt sein, damit das Brot
nicht schwitzt. Verpacktes Brot
hält sich in der Originalver-
packung am besten. Tritt
Schimmel auf, empfiehlt es
sich, das Brotbehältnis mit
Essigwasser auszuwaschen.
Brot gehört nicht in den Kühlschrank, es sei denn, es
herrscht sehr warmes und
schwüles Wetter. Im Kühl-
schrank wird es am schnellsten
altbacken.

Tipp: Die richtige Zubereitung

Zucker erfüllt bei der Zubereitung von Speisen mehrere
Aufgaben. In Gebäck und
Cremes spielt er eine wichtige
Rolle – nicht nur für den Geschmack, sondern auch für die
Konsistenz. Auch zum Konser-
vieren wird Zucker verwendet.
Gelees, Konfitüre oder Marme-
laden sind ohne Zucker nicht
haltbar. Und schließlich: Hefeteig geht nur in Verbindung
mit Zucker auf.

OBST , GEMÜSE UND KARTOFFELN – VIELSEITIGES POWERFOOD

Obst, Gemüse und Kartoffeln sind durch ihre Vielseitigkeit für jede Mahlzeit eine Bereicherung. Obst ist vor allem reich an den zellschützenden Vitaminen A und C, während Gemüse viele Mineralstoffe anzubieten hat. Neben Vitaminen und Mineralstoffen enthalten Obst und Gemüse noch so genannte sekundäre Pflanzenstoffe. Diese Substanzen können verschiedene Körperfunktionen günstig beeinflussen und sind in der Lage, Krankheitskeime abzuwehren. Kartoffeln enthalten hochwertiges Eiweiß, das in Kombination mit tierischem Eiweiß für den Menschen besonders gut verwertbar ist. Die Kartoffel ist auch wegen der stärkehaltigen Kohlenhydrate, den Vitaminen der B-Gruppe, dem Vitamin C sowie ihrem Gehalt an Kalium und Magnesium zu empfehlen. Außerdem liefern Obst, Gemüse und Kartoffeln Ballaststoffe, die für eine gute Verdauung sorgen.

Obst und Gemüse

Ein wichtiges Qualitätskriterium für Obst und Gemüse ist die Herkunft. Vitamine reagieren auf Licht und Sauerstoff sehr empfindlich. Je länger die Waren transportiert oder gelagert werden, desto mehr Vitamine werden unweigerlich zerstört. Am besten kaufen Sie Obst und Gemüse der jeweiligen Saison und möglichst von einem Erzeuger aus der Region.

Kartoffeln

In Deutschland werden etwa 130 Kartoffelsorten angebaut. Jede ist charakteristisch in Form, Farbe, Geschmack und Konsistenz. Für das Gelingen von Kartoffelgerichten ist der jeweilige Kochtyp wichtig. Abhängig von ihrem Stärkegehalt gibt es fest kochende (Sieglinde, Cilena), vorwiegend fest kochende (Quarta, Rosara) und mehlig kochende Sorten (Aula, Adretta). Je nach Erntezeitpunkt unterscheidet man die Reifegruppen. Speisefrühkartoffeln bekommt man von Mai bis August. Sie gelten als Frischgemüse und sollten rasch verbraucht werden. Ab Ende August sind mittelfrühe Sorten im Handel, die bis zum Herbst gelagert werden können. Mittelspäte und späte Sorten erscheinen ab Oktober auf dem Markt und sind zur Einkellerung bestens geeignet.

Tipp: Die richtige Zubereitung

Beim Putzen und Schälen von Obst und Gemüse nur das Notwendigste entfernen. Vitamine und Mineralstoffe werden geschont, wenn man Salat, Gemüse und Obst erst kurz vor dem Verzehr zubereitet. Obst und Gemüse möglichst unzerkleinert und kurz, aber immer sehr gründlich waschen. Geschmack und Nährstoffe bleiben erhalten, wenn man so kurz wie möglich oder nötig gart. Um das Auslaugen von Mineralstoffen zu vermeiden sollte man mit wenig Wasser dünsten.

Tipp: Die richtige Lagerung

Die Kartoffeln in einem dunklen, kühlen (nicht unter 4 °C), trockenen und gut durchlüfteten Raum lagern. Licht lässt die Knolle ergrünen und ungenießbar werden, Wärme fördert den natürlichen Schwund.

Suppen

Zwiebel-Biersuppe mit Romadur überbacken

Die Butter bei mittlerer Hitze zerlassen, die in dünne Streifen geschnittenen Zwiebeln, den Knoblauch und den Zucker zugeben und 15 bis 25 Minuten braten, d.h. bis die Zwiebeln goldgelb karamellisiert und sehr weich sind. Die Knoblauchzehen entfernen. Das Mehl einrühren und leicht Farbe nehmen lassen. Paprika zufügen und sofort mit dem Bier ablöschen. Diese Mehlschwitze glatt rühren und die Geflügelbrühe angießen. 15 Minuten leicht köcheln lassen.

Die Suppe mit Salz, Pfeffer, Kümmel und Zitronenschale abschmecken und in 4 große, feuerfeste Suppentassen oder Schalen geben. Die Weißbrotscheiben eventuell zuschneiden, mit dem in Scheiben geschnittenen Käse belegen und auf die Suppe geben. Unter den Grill in den Backofen stellen und goldbraun überbacken.

Rezept für 4 Personen

100 g Butter
300 g Zwiebeln
2 ungeschälte Knoblauchzehen
1 TL brauner Zucker
20 g Mehl
20 g Rosenpaprika
100 ml helles Bier
1 l Geflügelbrühe
Salz, Pfeffer
1 Pr. Kümmel
abgeriebene Schale von 1 Zitrone
4 große, getoastete Scheiben Kastenweißbrot
100 g Romadur

Tipp:
Wen die ganzen Kümmelkörner zwischen den Zähnen stören, der kann 1 EL Kümmel mit 50 g Butter verkneten, diese Mischung mit dem Messer hacken und später mit dieser Kümmelbutter abschmecken.
Überbackene Zwiebelsuppe ist der Klassiker aus den 1970er Jahren, leider zu Unrecht etwas in Vergessenheit geraten. Probieren Sie einmal meine Zwiebelsuppe aus – aber Vorsicht, sie ist ziemlich heiß!

Schaumsuppe vom deutschen Gouda mit jungem Wein und Quarkbackerbsen

Rezept für 4 Personen

Aus Mehl, Milch, Eiern, Butter, Salz und Quark einen dickflüssigen Teig rühren und diesen ½ Stunde ruhen lassen.
Die Rinderbrühe aufkochen, mit der in Wasser angerührten Speisestärke binden, dann nicht mehr kochen und den fein geraspelten Käse unter ständigem Rühren darin auflösen. Eigelb und Crème fraîche zu einer Liaison verrühren. Den Weißwein zur Suppe geben, die Liaison zugeben und die Suppe unter Rühren erhitzen, bis das Eigelb bindet. Nicht mehr kochen lassen. Mit Salz, Pfeffer, Zucker und Muskat würzen.
Für die Backerbsen den Quark-Pfannkuchenteig durch ein Nudelsieb oder einen Knöpflehobel in 160-170°C heißes Rapsöl tropfen lassen und ausbacken. Mit einer Schaumkelle herausheben und auf Küchenpapier abtropfen lassen. Die Suppe anrichten, wenig Muskat obenauf reiben, die Backerbsen und den fein geschnittenen Schnittlauch auf die Suppe geben.

150 g Mehl
250 ml Milch
2 Eier
25 g flüssige Butter
1 Pr. Salz
1 EL Quark
Butterschmalz zum Braten
750 ml Rinderbrühe
1 TL Speisestärke
200 g deutscher Gouda
2 Eigelb
4 EL Crème fraîche
250 ml Riesling, Scheurebe oder anderer trockener, deutscher Weißwein
Salz, weißer Pfeffer aus der Mühle
Zucker
Muskat aus der Mühle
1 Bd. Schnittlauch

Tipp:
Das vorherige Binden der Brühe mit Stärke gibt schon einmal eine Grundbindung und verhindert das spätere Gerinnen des Käses.
Der Wein sollte möglichst jung und frisch, d.h. am besten vom letzten Jahrgang sein.

4-8 EL getrocknete Steinpilze
1,5 l Geflügel- oder
Gemüsebrühe
2 Stk. Entenbrust (à ca. 200 g)
2 EL Pflanzenöl
2 kleine, weiße Zwiebeln
1 Knoblauchzehe
300 g mehlige Kartoffeln
Salz, weißer und schwarzer
Pfeffer aus der Mühle
weißer Balsamico
1 EL gehackter Schnittlauch
1 EL gehackte Petersilie
1 EL gehackter Majoran
1 Pr. Muskatnuss

Kartoffel-Steinpilzsuppe mit gegrillter Entenbrust

Die getrockneten Steinpilze in der lauwarmen Brühe einweichen. Die Haut von den Entenbrüsten lösen, kurz anfrieren und dann in Streifen schneiden.

1 EL Öl in einer flachen Pfanne erhitzen, die Entenhaut darin bei mittlerer Hitze ausbraten. Das Entenfett durch ein Sieb gießen und die entstandenen Entengrieben auf einem Küchenpapier sorgfältig entfetten. Das Entenschmalz kann man später weiterverwenden.

Die Zwiebeln schälen, in feine Streifen schneiden und mit dem geschälten Knoblauch in wenig heißem Pflanzenöl anschwitzen. Mit der Brühe auffüllen. Die geschälten und in feine Scheiben geschnittenen Kartoffeln zugeben, salzen, mit weißem Pfeffer und weißem Balsamico würzen und ca. 45 Minuten leise köcheln lassen. Wenn die Kartoffeln zerfallen sind, die Suppe nur durch ein feines Sieb passieren, nachschmecken und die Kräuter einrühren.

Während die Suppe kocht, die Entenbrust salzen und in einer Pfanne 5-10 Minuten rosa braten, kurz ruhen lassen und in Streifen schneiden. Als Einlage in die Suppe geben. Nach dem Anrichten mit grobem, schwarzem Pfeffer und Muskat bestreuen und die Entengrieben darüberstreuen.

Tipp:
Die Suppe sollte nicht gemixt werden, sonst verkleistert die Stärke der Kartoffeln und die Suppe erscheint direkt mächtiger.
In der Pilzsaison kann man noch frische, gebratene Steinpilze hinein geben.

Rezept für 4 Personen

400 g rheinisches
Sauerteigbrot
Rapsöl
4 kg Miesmuscheln
200 g Zwiebeln
4 Knoblauchzehen
150 g Möhren
50 g Petersilienwurzeln
200 g Staudensellerie
1 Fenchelknolle
500 ml trockener Weißwein
1 l Gemüse- oder
Geflügelbrühe
Salz, schwarzer Pfeffer aus der
Mühle
Saft und abgeriebene Schale
von 2 Zitronen
4 EL gehackte Petersilie
3 Lorbeerblätter
4 Zweige Thymian

Rheinische Brotsuppe mit Miesmuscheln

Sauerteigbrot würfeln und in Rapsöl zu Croûtons rösten. Muscheln waschen und alle nicht geschlossenen aussortieren. Die Zwiebeln würfeln, den Knoblauch hacken, die Möhren, die Petersilienwurzeln und den Sellerie schälen und würfeln und den Fenchel in Streifen schneiden. Alles in Rapsöl anschwitzen, Wein und Brühe angießen, aufkochen lassen, die Muscheln zugeben und ca. 3 Minuten bei geschlossenem Deckel kochen. Zwischendurch rühren oder den Topf schütteln, damit sich die Muscheln verteilen und mit Salz und Zitronensaft vorsichtig abschmecken. Muscheln herausnehmen und in eine separate Schüssel füllen. Croûtons, Thymian, grob gemahlenen schwarzen Pfeffer und Zitronenschale in eine Suppenschüssel geben und mit der Brühe auffüllen. Petersilie zugeben. Zunächst bleiben die Croûtons knusprig, dann geben sie ihr Aroma an die Suppe ab; je länger sie in der Suppe sind, umso mehr verändert sich ihre Konsistenz.

Tipp:
Wenn Sie die Suppe und die Muscheln separat servieren, haben Sie Spaß beim Herauspulen der Muscheln, ohne sich die Finger zu verbrühen.
Muscheln genießt man traditioneller Weise in den Monaten mit „R" am Ende. Als Getränk empfiehlt sich ein herbes Bier oder ein trockener Weißwein mit leichter Säure.

Gazpacho andaluz

Rezept für 4 Personen

Tomaten, Paprika, Gurke und Zwiebeln in Stücke schneiden. Knoblauch grob hacken und alles mit den Mandeln und der Chili vermengen. Mit Meersalz salzen, zuckern, Zitronensaft und weißen Pfeffer zugeben. Über Nacht im Kühlschrank ziehen lassen. Am nächsten Tag das Gemüse mit dem entstandenen Saft im Mixer pürieren, eventuell mit etwas eiskaltem Wasser verdünnen. Das Toastbrot in Essig und Olivenöl einweichen und zur Bindung langsam untermixen.

1 kg gehäutete und entkernte Tomaten
1 rote Paprikaschote
½ geschälte und entkernte Salatgurke
2 kleine Zwiebeln
2 Knoblauchzehen
40 g abgezogene Mandeln
1 Chilischote
grobes Meersalz
Zucker
Saft einer Zitrone
weißer Pfeffer
50 g Toastbrot ohne Rinde
2 EL Rotweinessig
4 EL Olivenöl

Tipp:
Die typischen Einlagen für eine Gazpacho sind: Tomatenwürfel, Gurkenwürfel, Paprikawürfel, Frühlingszwiebeln, Schnittlauch, gehacktes Eiweiß, schwarze Oliven, Croûtons, gehackte Mandeln.
In Spanien gibt man zum Beweis der Kälte der Suppe einen Eiswürfel hinein, der nicht schmelzen darf.

Grünkohlsuppe mit geräuchertem Schweinefilet und Kartoffelstroh

Rezept für 4 Personen

Grünkohl zupfen, in kochendem Salzwasser blanchieren, in gesalzenem Eiswasser abschrecken, abgießen, gut ausdrücken und grob hacken. Den gewürfelten Speck, die klein gehackten Zwiebeln und den Grünkohl nach und nach im Griebenschmalz anschwitzen, Brühe dazugießen, Zimtstange und Haferflocken dazugeben, salzen, pfeffern und ca. 15 bis 25 Minuten köcheln lassen.

Butter in einer Pfanne bräunen, Gewürze, Zwiebel, Knoblauch und Champignons anschwitzen, das Schweinefilet einlegen, mit Alufolie abdecken und im Ofen bei 150 °C oder einfach auf der Herdplatte erwärmen. Die geschälten und in dünne Streifen geschnittenen Kartoffeln kurz in kaltem Wasser liegen lassen, abgießen, mit Küchenpapier abtrocknen und im 175 °C heißen Fett frittieren. Herausnehmen, auf Küchenpapier abtropfen lassen und salzen. Die Zimtstange entfernen, Suppe in einem Suppenteller anrichten, Filet aufschneiden und darauf geben, Kartoffelstroh salzen und obenauf geben.

400 g frischer Grünkohl
100 g durchwachsener Speck
100 g Zwiebeln
1 EL Griebenschmalz
1,5 l Geflügelbrühe
1 kleine Stange Zimt
2 EL Haferflocken
Salz, Pfeffer
50 g Butter
1 Lorbeerblatt
1 TL weiße Pfefferkörner
2 Knoblauchzehen
2 kleine Zwiebeln
2 Champignons
400 g geräuchertes Schweinefilet
200 g Kartoffeln
Rapsöl zum Frittieren

Tipp:
Die Zimtstange nur 5 bis 10 Minuten mitkochen lassen, da sonst das Aroma zu kräftig wird.
Wenn Sie die Suppe sämiger wünschen und Sie zufälligerweise etwas Kartoffelpüree vom Vortag übrig haben, rühren Sie dies in die Suppe ein.
Sie können natürlich auch extra für diesen Zweck Kartoffelpüree kochen, es anschließend in Eiswürfelbehältern einfrieren, im gefrorenen Zustand in Frischhaltefolie verpacken und bei Bedarf in eine Suppe einrühren.

Salate, Snacks & Co.

Nudelsalat K3

Die Spaghetti sehr bissfest kochen, abgießen und auf einer breiten Fläche auskühlen lassen. Mit sehr wenig Olivenöl besprühen und locker vermengen. Das Gemüse in dünne Scheiben schneiden und entweder grillen oder in einer beschichteten Pfanne mit wenig Öl braten.

Aus Tomatensaft und 100 ml Olivenöl mit Salz, Pfeffer, einer Prise Zucker, Balsamico und Chili eine Salatsauce rühren. Das Tatar mit Salz und Pfeffer würzen, mit wenig Olivenöl und Eigelb anmachen und zu kleinen Kugeln formen. Kurz kühl stellen und dann braten oder grillen.

Die Kichererbsen in einer beschichteten Pfanne rösten. Die Spaghetti mit der Salatsauce anmachen, mit dem Gemüse und dem Rucola mischen, anrichten und die Tartarkugeln und die Kichererbsen obendrauf geben.

500 g Spaghetti
500 g Gemüse zum Grillen oder Braten, wie Zucchini, Paprika, Auberginen, Fenchel
300 ml Tomatensaft
100 ml kaltgepresstes Olivenöl
Salz, schwarzer Pfeffer aus der Mühle
1 Pr. Zucker
weißer Balsamico
Chili aus der Mühle
400 g Rindertartar aus der Hüfte
2 Eigelb
100 g Rucola
80 g gekochte Kichererbsen, Kichererbsen aus der Dose oder Kichererbsensprossen

Tipp:
Zum Besprühen mit Öl füllen Sie dieses in eine kleine Sprühflasche. Das spart sehr viel Öl.

Berliner Bockwurstsalat

Rezept für 4 Personen

Radieschen waschen, putzen und in nicht zu dünne Scheiben schneiden, die geschälte Gurke halbieren, entkernen und schräg ebenfalls in dünne Scheiben schneiden. Die Bockwürste in Scheiben schneiden und alles mit den geschälten und in Ringe geschnittenen Zwiebeln in eine Schüssel geben. Die Frühlingszwiebeln in fingerlange Stücke schneiden, längs einritzen und 15 Minuten in Eiswasser legen.

1 Bd. Radieschen
1 Salatgurke
4 gehäutete Bockwürste
1 weiße Zwiebel
1 Bd. Frühlingszwiebeln

Für die Salatsauce die Brühe mit Senf, Essig, Salz, Pfeffer und Zucker verrühren und mit dem Öl aufschlagen. Die Sauce über die Zutaten gießen. Die Kräuter und die gut abgetropften Frühlingszwiebeln zugeben, alles gut vermischen und anrichten.

für das Dressing:
4 EL Brühe
1 TL scharfer Senf
4 EL Obstessig
Salz
weißer Pfeffer aus der Mühle
Zucker
12 EL Rapsöl
½ Bd. fein geschnittener Schnittlauch
½ Bd. fein geschnittene Petersilie

Tipp:
Als Beilage einfach Schrippen oder Kümmelbrot reichen. Wenn Sie den Salat noch „gesünder" haben möchten, mischen Sie noch Kopfsalatblätter darunter.
Ihren Namen verdankt die Bockwurst übrigens einem Berliner Gastwirt, der zu Beginn des 20. Jahrhunderts auf die Idee kam, sie hungrigen Studenten als Beilage zum Bockbier zu geben.

Rezept für 4 Personen

500 g Roggensauerteigbrot
kaltgepresstes Rapsöl
12 dünne Scheiben durch-
wachsener Speck oder leicht
geräucherter Schinken
Geflügelbrühe
Saft einer Zitrone
Salz
Zucker
schwarzer Pfeffer aus der
Mühle
4 Eier
Obstessig
1 Kopf Eichblattsalat
100 g Allgäuer Bergkäse

Brotsalat mit Speck, pochiertem Ei und Allgäuer Bergkäse

Vom Brot die Rinde entfernen und in daumengroße Stücke zupfen. Auf einem Backblech verteilen, mit Rapsöl beträufeln und bei
175 °C im Ofen knusprig backen. In einer beschichteten Pfanne
den Speck knusprig braten.
Aus Geflügelbrühe, Zitronensaft, Salz, Zucker, schwarzem Pfeffer
und Rapsöl eine Salatsauce rühren. Die Eier in kochendem
Salzwasser mit einem Spritzer Essig 4 bis 5 Minuten pochieren
(gar ziehen). Den Eichblattsalat putzen, waschen und mit Brot
und Salatsauce in einer großen Schüssel mischen. Mit Speck, in
dünne Scheiben gehobeltem Käse und pochiertem Ei belegen und
servieren.

Tipp:
Anstatt Zitrone können Sie auch Obstessig zum Zubereiten
der Salatsauce verwenden.

Knuspriger Knödelsalat mit Limburger

Rezept für 4 Personen

400 g Brotwürfel
200 g Butter
50 g Speck
1 kleine Zwiebel
200 ml Milch
2 Eier
4 EL Blattpetersilie
Salz, Pfeffer
Muskat
½ TL Senf
4 EL Brühe
4 EL Weißweinessig
12 EL Rapsöl
Salz
Zucker
weißer Pfeffer
320 g Limburger
1 Kopf Escarol oder
Endiviensalat
2 rote Zwiebeln
1 Bd. Schnittlauch

Brotwürfel in 50 g Butter anrösten, Speck und Zwiebel würfeln, in der restlichen Butter anschwitzen und dazugeben. Milch aufkochen, dazugießen und die Masse etwas abkühlen lassen. Eier und klein geschnittene Petersilie zufügen und mit Salz, Pfeffer und Muskat abschmecken. Eine Rolle formen, in dicke Frischhaltefolie und Alufolie wickeln, 30 Minuten bei 100 °C dämpfen oder kochen und dann leicht anfrieren. Auf der Aufschnittmaschine dünn schneiden, bei 120 °C im Ofen 20 Minuten kross backen bzw. trocknen.

Aus Senf, Brühe, Essig, Öl und Gewürzen eine Salatsauce rühren. Den Käse in Stücke schneiden und in die Salatsauce geben. Anschließend den Escarol waschen, trocknen und zupfen, die Zwiebeln in Ringe schneiden und alles zusammen mit dem fein geschnittenen Schnittlauch dazugeben. Die krossen Serviettenknödelscheiben grob in eine Schüssel brechen, alles kurz vermengen und anrichten.

Tipp:
Die knusprigen Serviettenknödelscheiben können Sie wunderbar ein oder zwei Tage vorher zubereiten.

Wintersalat mit Rotkohl, Chicorée und Radicchio mit Blauschimmelkäse und Walnuss-Vinaigrette

Rezept für 4 Personen

1 kleine Rotkohlhälfte
Salz
Zucker
80 g brauner Zucker
200 ml Apfelessig
100 g durchwachsener Speck
1 Knoblauchzehe
1 Zweig Thymian
50 g Weißbrotcroûtons
50 g gehackte Walnusskerne
1 Chicorée
1 kleiner Radicchio
150 g Blauschimmelkäse, z.B.
Bavaria Blu (während 10
Minuten im Tiefkühler leicht
angefroren)

für die Vinaigrette:
je 1 TL Senf, Salz, Zucker
4 EL Rotweinessig
4 EL Walnussöl
4 EL kaltgepresstes Rapsöl
Pfeffer aus der Mühle

Den Strunk des Rotkohls entfernen und den Rest in feine Streifen schneiden, salzen und zuckern. Braunen Zucker und Apfelessig aufkochen und über die Rotkohlstreifen geben. 1 Stunde ziehen lassen. Speck in 1 cm große Würfel schneiden und zusammen mit Knoblauch, Thymian, Brotcroûtons und Walnusskernen goldgelb braten. Den Knoblauch und den Thymian wieder entfernen. Rotkohlstreifen leicht ausdrücken, zusammen mit Chicorée und Radicchio in eine Schüssel geben.

Aus den angegebenen Zutaten eine Vinaigrette rühren und den Salat damit anmachen. Speck, Croûtons und Walnüsse darauf geben. Nun den leicht angefrorenen Käse zerbröckeln und auf den Salat geben.

Tipp:
Wem die winterlichen Salate, wie Chicorée oder Radicchio zu bitter sind, der kann die geputzten Blätter eine halbe Stunde in lauwarmes Wasser legen, das zieht die Bitterstoffe heraus, allerdings auch ein paar Vitamine.

Kartoffelsalat K3

Rezept für 4 Personen

Die Kartoffeln gar kochen, abgießen, kalt abschrecken und sofort schälen und in feine Scheiben schneiden. Die Zwiebeln würfeln, in einem Topf in 1 EL Olivenöl anschwitzen und mit Essig ablöschen. Die Brühe zugeben, aufkochen und über die noch warmen Kartoffeln gießen. Das restliche Öl zugeben und 10 Minuten ziehen lassen. In der Zwischenzeit die grünen Bohnen in Salzwasser blanchieren und mit den restlichen Zutaten vermengt zu der Kartoffelmasse geben. Mit Salz, Pfeffer und Limonensaft abschmecken und möglichst bald servieren.

1 kg kleine, fest kochende Kartoffeln
3 kleine Zwiebeln
4 EL kaltgepresstes Olivenöl
2 EL Weißweinessig
500 ml Gemüse- oder Geflügelbrühe
80 g grüne Bohnen
80 g gekochte kleine weiße Bohnen
40 g steinlose schwarze Oliven
100 g Thunfisch im eigenen Saft oder Räuchermakrele
4 EL Tapenade (schwarze Olivenpaste)
1 Zweig Thymian
1 Zweig Rosmarin
1 Zweig Blattpetersilie
Salz, weißer Pfeffer aus der Mühle
Saft einer Limone

Tipp:
Weiße Bohnen werden am Vortag eingeweicht, das Einweichwasser wird weggegossen. Anschließend werden die Bohnen ohne Salz bei geringer Hitze fast gar gekocht und erst 15 Minuten vor Ende der Garzeit gesalzen – so werden die Bohnen gleichmäßig gar und zart.

Blutwurstgröstel mit würzigen „Armen Rittern", Egerlingen, Radieschen und körnigem Frischkäse

Rezept für 4 Personen

125 ml Vollmilch
3 Eier
Salz
4 Scheiben Kastenbrot
50 g Butter
150 g Blutwurst
200 g Egerlinge
2 Zweige Majoran
weißer Pfeffer aus der Mühle
200 g Hüttenkäse
1 TL Paprikapulver bzw.
Chilipulver
1 Bd. Radieschen
1 Bd. Schnittlauch

Milch, Eier und Salz verschlagen und die Brotscheiben darin wenden. Die Butter aufschäumen und die Brote darin goldbraun braten. Blutwurst in Scheiben schneiden und in einer beschichteten Pfanne anbraten. Die Egerlinge ebenfalls in Scheiben schneiden, zugeben, sautieren, 2 Majoranzweige hinzufügen und alles leicht anbräunen. Je nach Würzigkeit der Wurst salzen und pfeffern. Hüttenkäse mit Salz und Paprikapulver abschmecken. Auf die gebratenen Brotscheiben geben und Blutwurst-Pilzgröstel daraufgeben. Die Radieschen in Scheiben, den Schnittlauch in Ringe schneiden und obenauf geben.

Tipp:
Auch Steinpilze oder Pfifferlinge schmecken dazu hervorragend, dann eventuell den Schnittlauch ganz gegen Majoran austauschen.

Grüne Buttermilch mit Räucherforellentopinki

Kräuter – nur wenn nötig – waschen, trocken schleudern und grob hacken. Hart gekochte Eier trennen. Kräuter im Mixer mit 4 hart gekochten Eigelb, Senf und 80 g Rapsöl mixen. Salzen, pfeffern und Zitronensaft, saure Sahne und die Buttermilch dazugeben. In große Gläser oder Suppenschalen gießen, das hart gekochte Eiweiß grob hacken und darüber geben. Schwarzen Pfeffer obenauf mahlen.

2 Forellenfilets mit den restlichen Eigelb, Salz, Zitronensaft, Kapern und Rapsöl zu einer groben Paste verrühren, diese auf die Brotscheiben streichen und mit Stücken von den restlichen Forellenfilets belegen.

Rezept für 4 Personen

1 Bd. Petersilie
1 Bd. Kerbel
1 Bd. Borretsch
1 Bd. Kresse
1 Bd. Schnittlauch
1 Bd. Pimpinelle
1 Bd. Sauerampfer
6 hart gekochte Eier
1 EL Senf
100 g kaltgepresstes Rapsöl
Salz
Pfeffer
Zitronensaft
300 g saure Sahne (Schmand)
500 ml Buttermilch
schwarzer Pfeffer aus der Mühle
4 Räucherforellen-Filets
1 EL Kapern
8 geröstete Scheiben Roggen-Sauerteigbrot

Tipp:

Nach dem vorliegenden Rezept entsteht eine Art kalte Suppe, ohne Buttermilch entsteht eine Sauce, die hervorragend zu kaltem Rindfleisch passt, mit mehr Buttermilch und ohne Eier ein erfrischendes Getränk für die ersten warmen Tage.

Diese Kräuterzusammenstellung ist übrigens die einzig richtige für die Frankfurter grüne Sauce.

Topinki sind eigentlich geröstete und mit Gänseleber bestrichene Graubrotscheiben. Aber ich hoffe, Sie verzeihen mir diese kulinarische Freiheit.

Kartoffel-Birnen-Rösti mit Gruyère und Emmentaler

Die Kartoffeln waschen und ungeschält in Salzwasser 10 Minuten kochen. Abgießen, etwas abkühlen lassen und pellen. Am besten über Nacht, aber mindestens 1 Stunde abgedeckt kühl stellen. Vor dem Braten auf einer Reibe raspeln und mit dem Mehl und etwas Salz und Pfeffer vermengen. 2 Birnen schälen und ebenfalls raspeln. Unter die Kartoffelmasse heben. Pflanzenöl in einer beschichteten Pfanne erhitzen und die Kartoffelmasse hineingeben. 8 bis 10 Minuten braten, dann drehen. Weitere 6 Minuten braten. Die letzte Birne in Scheiben schneiden und mit je 2 Käsescheiben zwischen 2 Rösti legen. Den Käse etwas schmelzen lassen, dafür eventuell bei 150 °C 5 Minuten in den Ofen schieben und servieren.

Rezept für 4 Personen

1,5 kg Kartoffeln
1 EL Mehl
Salz, Pfeffer
3 feste Birnen
Pflanzenöl zum Braten
100 g Gruyèrescheiben
100 g Emmentalerscheiben

Tipp:
Auch Äpfel harmonieren sehr gut mit Kartoffeln und Käse. Versuchen Sie nicht, die Rösti in der Luft zu drehen, sie könnte zerfallen. Setzen Sie die Rösti auf einen Topfdeckel und geben Sie sie umgedreht wieder in die Pfanne.

Rezept für 4 Personen bzw. eine Springform von 24 cm Durchmesser

300 g Mehl
1 TL Salz
125 g Butter
50 ml kaltes Wasser
1 kg junger Spinat
30 g Butter
Salz, weißer Pfeffer aus der Mühle
1 Pr. geriebene Muskatnuss
1 Pr. gemahlener Piment
1 TL fein abgeriebene Zitronenschale
80 g Rosinen, in Cognac eingeweicht
4 EL geröstete Pinienkerne
4 Eier
350 ml Sahne
1 Eigelb

Tipp:
Wenn Sie die Form mit dem Mürbeteig kurz anfrieren, zieht sich der Teig beim Backen nicht mehr zusammen.

Spinattorte

Für den Mürbeteig Mehl und Salz in eine große Schüssel geben. Butter in Würfel schneiden, hinzufügen und mit den Fingerspitzen Butter und Mehl miteinander verreiben, bis eine krümelige Masse entsteht. Das Wasser tropfenweise zugeben und kneten, bis der Teig zusammenhält. Zu einer Kugel formen, in Klarsichtfolie einschlagen und für eine halbe Stunde in den Kühlschrank geben. Den Teig ausrollen und in eine gefettete Spring- oder Tarteform legen. Die Form ½ Stunde in den Tiefkühler legen.

Den geputzten und gewaschenen Spinat in kochendem Salzwasser kurz blanchieren und in gesalzenem Eiswasser abschrecken. In einem Sieb abtropfen lassen. Überschüssige Flüssigkeit gut mit den Händen ausdrücken. Den Spinat hacken und in der leicht gebräunten Butter dünsten. Salzen, pfeffern und Muskat, Piment sowie die Zitronenschale hinzufügen.

Die in Cognac eingeweichten und abgetropften Rosinen und die Pinienkerne untermischen.

Die Eier mit der Sahne verrühren und diese Mischung gut mit dem Spinat vermengen.

Die Spinatmischung auf dem Mürbeteig verteilen und mit einem Gitter aus dem restlichen, in Streifen geschnittenen Teig bedecken. Eigelb mit 1 EL Wasser verquirlen und Gitter und Teigrand damit bestreichen. Im vorgeheizten Backofen bei 170 °C 50 bis 60 Minuten backen, bis der Teig hellbraun ist.

Schwarzwälder Schinkenpfannkuchen mit dicken Bohnen

Rezept für 4 Personen

100 g Butter
1 Tasse Mehl
1 Tasse Eier (ca. 3)
1 Tasse Milch
Salz, weißer Pfeffer aus der Mühle
Muskat von der Reibe
2–3 kg dicke Bohnen Schoten bzw. 400 g dicke Bohnenkerne
3 Schalotten
4 EL glatte Petersilie
250 g Schwarzwälder Schinken
8 EL saure Sahne

Die Hälfte der Butter bräunen und mit Mehl, Eiern und Milch zu einem Pfannkuchenteig verrühren. Mit Salz, Pfeffer und Muskat abschmecken und 1 Stunde ruhen lassen. Die Bohnen auspulen, die Kerne kurz in ungesalzenem, kochendem Wasser blanchieren und aus ihrem Häutchen schnippen. Die Schalotten in Ringe schneiden und in der restlichen Butter anschwitzen. Die Bohnenkerne zugeben, salzen, pfeffern und die fein geschnittene Petersilie zufügen.

Schwarzwälder Schinken in Scheiben schneiden und ohne Fett in einer mittelheißen Pfanne anbraten. Pfannkuchenteig darüber gießen und in den noch flüssigen Teig je eine Portion dicke Bohnen geben. Den Pfannkuchen fertig garen, einmal wenden, kurz von der anderen Seite bräunen und auf einen Teller gleiten lassen. Die saure Sahne mit Salz und Pfeffer abschmecken, je zwei Esslöffel auf eine Pfannkuchenhälfte geben und den Pfannkuchen zuklappen.

Tipp:
Haben Sie es gemerkt? Ein einfaches Rezept für einen Pfannkuchenteig ist 1:1:1 Mehl, Eier, Milch. Wichtig ist aber, dass Sie zuerst die Eier in das Mehl rühren und das Ganze erst dann mit der Milch glatt rühren.

Harzer Käse mit Senfgurken,
Dill und Schalotten in Sylvaner eingelegt
dazu Roggenbrot und Apfelschmalz

Rezept für 4 Personen

Den Sud der Senfgurken abgießen und mit Salz, Zucker, den Senfkörnern und dem Wasser aufkochen. Die Schalotten darin 15 Minuten kochen und erkalten lassen. Dabei den Sud fast komplett einkochen. Die Harzer Rollen in dicke Scheiben schneiden, mit Schalotten und Senfgurken in eine Glasschüssel schichten. Mit dem abgekühlten Sud und dem Sylvaner aufgießen. Den Dill zugeben und durchrühren. Mindestens eine Nacht kühl stellen und durchziehen lassen. Aber nicht vergessen, denn der Harzer ist zum baldigen Verzehr bestimmt.

1 Glas Senfgurken (à 300 g)
Salz
Zucker
2 EL Senfkörner
250 ml Wasser
200 g geschälte Schalotten
4 Stk. Harzer Käserollen
1 Flasche fränkischer Sylvaner
(à 0,75 l)
2 Bd. Dill

Tipp:
Auf einem gerösteten Roggensauerteigbrot, bestrichen mit Apfelschmalz servieren.
Als Getränk natürlich ein Glas fränkischen Sylvaner!
Anstatt des normalen Dills können Sie in der Saison auch Dillkraut, das man zum Gurkeneinlegen nimmt, benutzen.

400 g Mehl
Salz
Muskat
6 Eier
200 g Magerquark
1 Spritzer Mineralwasser
4 mittelgroße Zwiebeln
Butterschmalz zum Braten
100 g Butter
2 Handkäse mit optimaler Reife
1 Bd. Schnittlauch

Selbst gemachte Quarkspätzle mit Handkäse

Das Mehl in die Küchenmaschine geben, mit Salz und Muskat mischen, die Eier und den Quark hineingeben. Etwas Mineralwasser zufügen. Die Masse in der Maschine kräftig durchschlagen, bis der Teig glatt ist und Blasen wirft. Den Teig ca. 30 Minuten ruhen lassen. In dieser Zeit die Zwiebeln schälen, in Streifen schneiden und in heißem Butterschmalz in einer Pfanne goldbraun braten.

Die Spätzle von einem Brett in kochendes Salzwasser schaben oder durch eine Spätzlepresse drücken. Einen Teil des Teigs so in das kochende Wasser geben, kräftig durchkochen, dann mit einem Schaumlöffel herausnehmen und in kaltem Salzwasser abschrecken. Sind alle Spätzle fertig, werden sie in ein Sieb geschüttet und in heißer Butter geschwenkt. Den gewürfelten Handkäse darunter mischen und alles abwechselnd mit den Schmelzzwiebeln in eine Gratinierform schichten und unter dem Grill 5 Minuten überbacken. Zum Servieren eventuell mit geschnittenem Schnittlauch bestreuen.

Tipp:
Man kann noch angebratene Scheiben von Knackwürsten oder Bratenreste zufügen.
Als Beilage servieren Sie einen milden Kopfsalat mit Joghurtdressing.

Fleisch & Geflügel

Blankett von der Lammschulter mit Zitronen-Thymiancreme

Fleisch & Geflügel

Die Lammschulter salzen, pfeffern und in der aufschäumenden Butter in einem Schmortopf leicht von allen Seiten anbraten. Das Gemüse putzen, ggf. schälen und in Würfel schneiden. Zusammen mit den Kräutern und Gewürzen zugeben. Den Weißwein angießen und den Topf gut verschließen.

In den 150 °C heißen Backofen stellen und zugedeckt zwei Stunden garen. In der Zwischenzeit die geschälten Möhren mit etwas Rapsöl, Salz, Zucker in Alufolie einpacken und ca. 15 Minuten in den Ofen legen.

Wenn die Schulter nach knapp zwei Stunden gar ist, herausnehmen und warm stellen. Vor dem Anrichten das Fleisch von den Knochen lösen und in gleichmäßige Würfel schneiden.

Die Knoblauchzehen herausnehmen und für die Garnitur reservieren.

Einige frisch gezupfte Thymianblätter zusammen mit der Crème fraîche zu dem Gemüse in den Schmorfond geben und mixen. Durch ein feines Haarsieb passieren, mit Zitronensaft, Salz und Pfeffer abschmecken.

Die Lammschulterwürfel anrichten, mit der Sauce übergießen und die Möhren dazu reichen.

1 Lammschulter mit Knochen, ungefähr 1,5 kg
Salz, weißer Pfeffer aus der Mühle
150 g Butter
½ Stange Lauch (nur das Weiße)
80 g Knollensellerie
4 kleine Zwiebeln
1 kleiner Bd. Thymian
1 Lorbeerblatt
8 Knoblauchzehen, ungeschält
20 schwarze Pfefferkörner, zerdrückt
250 ml trockener Weißwein
8 mittelgroße Möhren
kaltgepresstes Rapsöl
Meersalz
Zucker
Salz, schwarzer Pfeffer
1 Zweig Thymian, gerebelt
100 ml Crème fraîche
Saft einer halben Zitrone
8 Scheiben Stangenweißbrot, geröstet

Tipp:
Die geschmorten Knoblauchzehen aus der Schale drücken, mit einigen Tropfen Rapsöl vermengen, auf die gerösteten Brotscheiben streichen und mit grobem Meersalz bestreuen.

1 gepökelten und geräucher-
ten Schweinenacken oder
Schweineschulter ohne
Schwarte (ca. 1,5 kg)
weißer Pfeffer aus der Mühle
4 EL groben Senf
200 g Kartoffeln
100 g kleine Zwiebeln
100 g Möhren
300 g Maronen TK oder
500 g frische Maronen
Salz, Zucker
500 ml Apfelwein
2 geschälte Birnen
1 Bd. Blattpetersilie

Kasselernacken mit Maronen und Apfelwein

Den Schweinenacken großzügig mit Pfeffer und dem Senf ein-
reiben, in die Saftpfanne des Ofens oder besser in einen flachen
Bräter legen, etwas Wasser angießen und bei 150 °C (je nach
Dicke) ca.1 bis 2 Stunden bei Ober-/Unterhitze braten, dabei
eventuell zwischendurch Wasser angießen.
Ungefähr ½ Stunde vor Ende der Garzeit die geschälten und ge-
viertelten Kartoffeln, die geschälten Zwiebeln, Möhren sowie die
Maronen zu dem Braten legen. Das Gemüse salzen, pfeffern und
leicht zuckern. Die restliche Zeit nach und nach den Apfelwein
angießen und 5 Minuten vor Schluss die entkernten und in
Spalten geschnittenen Birnen zugeben, dabei zwischendurch mit
einem Holzlöffel umrühren, um die Röststoffe loszukratzen. Zum
Schluss die Blattpetersilie zugeben.

Tipp:
Hierbei Vorsicht mit dem Salz, da das Fleisch durchs Pökeln
schon gesalzen ist. Frische Maronen schälen Sie, indem Sie
die Schale kreuzweise einritzen, 2 Minuten in kochendem
Wasser blanchieren und in Eiswasser abschrecken. Dann
lässt sich die dicke Schale sehr leicht abziehen und auch die
innere braune Haut.
Kasseler-Nacken kann man wie hier sehr gut schmoren,
Kasseler-Rücken brät oder kocht man besser. Bekommt man
eine Schulter auf Kasseler Art, ein „Schäufele", erhält man
einen saftigen und zarten Braten.
Und falls Sie es noch nicht wissen, das „Casseler" ist nicht
nach der Stadt Kassel, sondern nach dem Berliner Fleischer
Cassel aus Schöneberg benannt, der Anfang des 20. Jahrhunderts den Casseler Rippenspeer erfand.

Gebackene Kalbsbrustspitzen mit Schmorgurken und Senfkörnersauce

Rezept für 4 Personen

500 g Kalbsbrust ohne
Knochen
50 g Staudensellerie
1 Zwiebel
1 Karotte
Salz
Lorbeer
Senfkörner
Piment
4 EL Weißweinessig
2 EL scharfer, grober Senf
weißer Pfeffer aus der Mühle
Mehl zum Wenden
Rapsöl
2 kleine Zwiebeln
50 g Butter
1 kg Schmorgurken
4 EL Estragonessig
100 ml Geflügelbrühe
350 ml Schmand
20 g Speisestärke
1 Bd. Dill

Kalbsbrust in kochendem Salzwasser 5 Minuten blanchieren. Abgießen und mit kaltem Wasser abspülen. In kaltem Salzwasser erneut aufsetzen, die Gemüse und Gewürze zugeben. Das Fleisch langsam ziemlich weich kochen. Abkühlen lassen, in Rauten schneiden, mit Weißweinessig, Senf, Pfeffer aus der Mühle und Salz marinieren. In Mehl wälzen und in heißem Rapsöl bei 175°C ausbacken. Auf Küchenpapier abtropfen lassen.

Die Zwiebel in kleine Würfel schneiden und in Butter anschwitzen. Die Gurken schälen, halbieren, entkernen, in Streifen schneiden und zufügen. Den Essig zugeben und salzen. 2 bis 3 Minuten dünsten, dann Brühe angießen, leicht einkochen, den Schmand dazugeben, eventuell mit etwas in kaltem Wasser angerührter Speisestärke binden, mit weißem Pfeffer, Senf und fein geschnittenem Dill abschmecken.

Tipp:
Wer die Gurken noch etwas knackig mag, nimmt sie zwischendurch heraus und kocht die Flüssigkeit separat ein. Wer sie gerne weich schmort, kann dies natürlich tun.
Die Kalbsbrust kann auch paniert werden oder in einem Bierteig ausgebacken werden. Nur mit Mehl bestäubt, werden sie allerdings besonders knusprig.

Fleisch & Geflügel

Panierte, gebackene Lammschnitzel aus der Keule mit Kartoffel-Feldsalat

Rezept für 4 Personen

Kartoffeln in Salzwasser 15 bis 20 Minuten kochen, abgießen und kurz ausdämpfen lassen. Kartoffeln noch warm pellen und in dünne Scheiben schneiden.

Schalotten schälen und fein würfeln. Kürbiskerne in einer Pfanne ohne Fett rösten. Geflügelbrühe erwärmen, mit Essig, Sonnenblumenöl, Salz und Pfeffer verrühren. Kartoffeln und Schalotten mit der Sauce mischen und 1 Stunde durchziehen lassen.

Die Lammkeule quer zur Faser in Schnitzel schneiden und leicht plattieren. Das Brot entrinden und reiben. Die Schnitzel klassisch mit Mehl, Ei und geriebenem Weißbrot panieren und schwimmend im heißen Butterschmalz von jeder Seite ca. 1 bis 2 Minuten ausbacken. Auf Küchenpapier abtropfen lassen und salzen.

Feldsalat gut waschen, schleudern und zusammen mit den Kürbiskernen unter den Kartoffelsalat heben und mit Kürbiskernöl beträufeln.

800 g kleine, fest kochende Kartoffeln
Salz
4 Schalotten
50 g Kürbiskerne
120 ml Geflügelbrühe
2 EL Obstessig
150 ml kaltgepresstes Sonnenblumenöl
Salz, weißer Pfeffer aus der Mühle
1,5 kg Lammkeule im Ganzen oder 700 g Lammkeule ausgelöst
80 g Weißbrot vom Vortag (ohne Rinde)
Mehl zum Mehlieren
2 Eier
150 g Butterschmalz
150 g Feldsalat
etwas Kürbiskernöl

Tipp:

Ein perfektes Schnitzel ist gar nicht so schwer. Die Schnitzelchen dürfen nur einmal gewendet werden und während dem nicht zu heißen Braten muss die Pfanne immer leicht hin und her bewegt, „geschuckert" werden. Wie oft wird Feldsalat gewaschen? Bis er sauber und ohne Sand ist! Wenn 5-mal Waschen nötig ist, dann halt 5-mal waschen. Dabei den Salat mit den Fingern in reichlich kaltem Wasser durchmengen und dann abwarten, bis der Sand sich gesetzt hat. Dann erst rausholen und trocken schleudern.

250 g Spätzle
1,5 kg weiße Zwiebeln
250 g Butter
1 TL Tomatenmark
200 ml trockener Weißwein
1 l Rinder- oder
Geflügelbrühe
Salz, weißer Pfeffer aus der
Mühle
1 kleiner Bd. Majoran
1 Spritzer Aceto Balsamico
Rapsöl zum Braten
4 Scheiben vom
Kalbskotelettstück, ohne
Knochen (à 150–200 g)
200 g frisches Sauerkraut
1 Bd. Schnittlauch

Rostbraten vom Kalbsentrecôte mit Krautspätzle

Spätzle bereits am Vortag oder mindestens 2 Stunden vorher in Salzwasser gar kochen. Zuerst sämtliche Zwiebeln schälen, halbieren und in feine Streifen schneiden. Für die Sauce 80 g Butter zerlassen und 400 g weiße Zwiebeln darin unter Rühren anbraten bis sie hellgelb sind. Dann das Tomatenmark einrühren, kurz mitbraten und mit Weißwein ablöschen. Diesen fast vollständig einkochen lassen, bevor Sie nach und nach die Brühe zugießen. Jedes Mal die Flüssigkeit stark einkochen. Am Schluss soll ca. ½ l übrig bleiben. Salzen, pfeffern und mit gerebeltem oder fein gehacktem Majoran und Balsamico abschmecken.

Für die Röstzwiebeln ca. 80 ml Rapsöl und 80 g Butter in einer flachen Pfanne bei mittlerer Hitze aufschäumen, die restlichen Zwiebeln darin langsam goldgelb und knusprig braten, das überschüssige Fett abgießen.

Die Fleischscheiben mit dem „Gefrierbeuteltrick" (s.u.) gleichmäßig plattieren, den Fettrand mehrfach einschneiden. Das Fleisch salzen, und in heißem Rapsöl 2 Minuten anbraten, die Hitze etwas runterschalten, 50 g Butter zufügen und den Rostbraten fertig braten, dabei immer wieder mit der Bratbutter begießen.

Die Spätzle in heißem Rapsöl leicht braun braten, die restliche Butter zugeben, aufschäumen lassen und dann kurz das Sauerkraut mitbraten, salzen, pfeffern und anrichten. Das Fleisch ebenfalls anrichten, mit der Sauce umgießen und die Röstzwiebeln auf das Fleisch geben. Mit fein geschnittenem Schnittlauch bestreuen.

Tipp:
Unbedingt mit der Zubereitung der Sauce anfangen, damit sie durchzieht, bis das Fleisch gar ist, was ja sehr schnell geht. Tomatenmark für eine Sauce immer leicht „abbraten", damit es seinen süßlichen Geschmack verliert. Der Fettrand wird eingeschnitten, damit sich das Fleisch beim Braten nicht wellt und gleichmäßig brät.
Der Gefrierbeuteltrick: Fleischscheiben zum Plattieren in einen aufgeschnittenen Gefrierbeutel legen und dann mit einer Pfanne oder einem flachen Topf klopfen, so wird das Schnitzel schön gleichmäßig flach und zerreißt nicht.

Gegrillte Schweinerippchen mit Ingwerrotkohl

Die Rippchen waschen und in kaltem Salzwasser aufsetzen, so dass die Rippchen gerade bedeckt sind. ½ bis 1 Stunde köcheln lassen, bis die Rippchen weich sind.

Mit den Gewürzen, Würzsaucen, Tomatenmark, Honig und Schalotten sowie etwas Kochbrühe von den Rippchen eine flüssige Marinade rühren. Die Rippchen noch warm einlegen und über Nacht in den Kühlschrank stellen. Am nächsten Tag auf dem Grill oder in einer Grillpfanne knusprig rösten.

Den Rotkohl in 2-Euro große Stücke zupfen und in heißem Rapsöl in einem Wok oder einer breiten Pfanne ca. 5 Minuten braten, den Ingwer zufügen, salzen, pfeffern, mit Rotweinessig abschmecken und zum Schluss die Erdnüsse zugeben.

Rezept für 4 Personen

500 g Kotelettrippchen vom Schwein
Salz
2 EL süße chinesische Chilisauce
1 EL gehackter Ingwer
1 EL gehackter Knoblauch
50 ml Sojasauce
100 ml Apfelsaft
1 TL Tomatenmark
2 TL Honig
1 EL gehackte Schalotten
200 g Rotkohl
Rapsöl zum Braten
2 EL fein geschnittener Ingwer
Salz, weißer Pfeffer aus der Mühle
4 cl Rotweinessig
4 EL geröstete, ungesalzene Erdnüsse

Tipp:
Verlangen Sie Kotelettrippchen, die sind fleischiger als Schälrippchen.

Gekochte und mit Weißbrotcroûtons überbackene Rinderschulter mit Senfbirnen

Das Rindfleisch mit den Gewürzen und dem Suppengemüse wie ein normales Stück Suppenfleisch aufsetzen, bei kleiner Temperatur sehr weich kochen. In der Brühe auskühlen lassen und in 4 fingerdicke Scheiben schneiden. Mit etwas Brühe in eine flache Gratinierform legen.

Die Croûtons locker mit Eigelb, der Sahne, Schnittlauch, Meerrettich, Salz und Pfeffer verrühren und auf das Rindfleisch löffeln. Vorsichtig unter dem Grill goldbraun überbacken.

Die Hälfte der Birnen mit dem Mixer pürieren und mit wenig Zimt, Senf, Zucker, dem Birnenschnaps und einer Prise Salz abschmecken. Die andere Hälfte fein würfeln und unterrühren. Das Fleisch mit den Senfbirnen anrichten.

Tipp:

Die Senfbirnen passen auch gut zu kurz gebratenem Fleisch. Weißbrotcroûtons leicht antrocknen lassen und dann immer in reichlich Butter oder Butterschmalz rösten, sie sollen sogar leicht schwimmen. Bei zu wenig Butter bräunen die Würfel ungleichmäßig und saugen dann paradoxerweise mehr Fett auf und werden zäh. Die Croûtons dann immer auf Küchenpapier abtropfen lassen.

Rezept für 4 Personen

1 kg Schaufelbraten oder Schulterscherzel oder falsches Filet aus der Rinderschulter
Salz
1 frisches Lorbeerblatt
10 weiße Pfefferkörner
5 Pimentkörner
1 Zwiebel
1 Karotte
50 g Staudensellerie
50 g Petersilienwurzel
4 EL in Butter geröstete Weißbrotcroûtons
2 Eigelb
50 g geschlagene Sahne
1 Bd. Schnittlauch
20 g Meerrettich aus dem Glas
weißer Pfeffer aus der Mühle
6 Hälften eingelegte Birnen
1 Pr. Zimtpulver
6 EL scharfer Senf
20 g Zucker
4 cl Birnenschnaps

Rezept für 4 Portionen

200 g Schalotten
200 g Perlzwiebeln
200 g mehlige Kartoffeln
Rapsöl zum Anschwitzen
800 ml kräftige Rinderbrühe
1 Lorbeerblatt
300 g Möhren
600 g Rinderfilet
Salz
300 g Lauch
1 Pr. Zucker
2 EL Kapern
1 kleiner Bd. Petersilie
schwarzer Pfeffer aus der
Mühle
100 g fein zerkrümelter
Pumpernickel

Westfälischer Pfefferpotthast vom Rinderfilet

Schalotten und Perlzwiebeln schälen, hacken und mit den geschälten und klein gewürfelten Kartoffeln im Rapsöl andünsten.
Die Möhren schälen, in Scheiben schneiden und hinzugeben. Mit
Brühe knapp bedecken, das Lorbeerblatt zufügen und zugedeckt
bei schwacher Hitze 5 Minuten kochen. Das Fleisch mit Salz ein-
reiben und ebenfalls in die Brühe geben.
10 Minuten mehr ziehen als kochen lassen, dabei mehrmals wenden. Dann herausnehmen, abtropfen lassen und in Alufolie wickeln. 5 Minuten ruhen lassen. In der Zwischenzeit den in Ringe
geschnittenen Lauch in der Brühe garen.
Die Brühe mit Salz, Zucker, Kapern, fein geschnittener Petersilie
und reichlich Pfeffer würzen. Das Fleisch in dünne Scheiben
schneiden und auf Suppenteller verteilen. Mit dem Gemüsesud
auffüllen und mit dem Pumpernickel bestreuen.

Tipp:
Frische Lorbeerblätter sind aromatischer als getrocknete,
leicht eingerissen geben sie ihr Aroma gut ab.

Anmerkung:
Ich habe ewig gesucht, um die Bedeutung des Wortes
Pfefferpotthast zu ergründen. Letztendlich mit Erfolg.
Pfeffer ist klar. Pott ist klar. Und Hast war die Bezeichnung
für das verwendete Fleischstück. Immerhin wird der
Pfefferpotthast schon 1378 in Dortmund urkundlich erwähnt.

Entenbrust-Paprikaspieß mit Couscous-Salat und körnigem Frischkäse

Rezept für 4 Spieße

2 Stk. Entenbrust (à ca. 180 g)
1 rote Paprikaschote
1 gelbe Paprikaschote
4 geschälte Schalotten
Salz, weißer Pfeffer aus der
Mühle
2 EL gehackte gemischte
Kräuter
250 g mittelfeinen Couscous
(Hirsegrieß)
250-300 ml kochendes Wasser
6 EL kaltgepresstes Rapsöl
2 EL Zitronensaft
etwas gegrilltes Gemüse nach
Geschmack, z.B. Paprika,
Zucchini, Schalotten
80 g körnigen Frischkäse

Die Entenbrust zuerst längs in zwei Hälften, dann in grobe Würfel schneiden. Die Paprikaschoten von den Samen und den Scheidewänden befreien und in ebenso große Würfel schneiden. Entenbrustwürfel, Paprikastücke und ganze Schalotten abwechselnd auf den Spieß stecken. Salzen, auf den Grill legen und bei mittlerer Hitze garen. Nach dem Grillen pfeffern und eventuell mit einem Teil der gehackten Kräuter bestreuen oder Pesto darüber löffeln.

Den Hirsegrieß in einer Schüssel mit kochendem Wasser übergießen und 15 Minuten quellen lassen. Mit Rapsöl, Zitronensaft, Salz und Pfeffer würzen. Das gegrillte Gemüse grob hacken und untermischen. Zum Schluss den körnigen Frischkäse und die Kräuter unterrühren.

Tipp:
Achten Sie darauf, dass die Haut der Entenbruststücke zur selben Seite zeigt, dann können Sie den Spieß auf dieser Seite etwas länger grillen, damit die Haut schön knusprig wird.

Geschmortes Hähnchen mit Senf und Backpflaumen

Rezept für 4 Personen

Hähnchen in 12 Teile schneiden, salzen, pfeffern und mit Senf einstreichen. In Mehl wenden und gut abklopfen. In Butterschmalz langsam goldgelb anbraten und herausnehmen. Zwiebeln, Champignons und Staudensellerie grob putzen und in demselben Topf anschwitzen, mit Weißwein ablöschen, die angebratenen Geflügelteile mit hineingeben, dann mit Geflügelfond aufgießen. Gewürze und Kräuter zugeben, einmal aufkochen und bei 175 °C Umluft im Ofen 30 Minuten schmoren.

Geflügelteile herausnehmen, die Sauce durch ein Sieb passieren, dabei das Gemüse leicht ausdrücken. Crème fraîche, Weißwein und Hähnchenteile zugeben, einmal aufkochen, die Backpflaumen einmal mit aufkochen, mit Salz und Pfeffer abschmecken und mit Estragon bestreuen. Eiernudeln dazu reichen.

1 schweres Hähnchen (ca. 2 kg)
Salz, Pfeffer
2 EL scharfer Senf
ca. 100 g Mehl zum Mehlieren
80 g Butterschmalz
6 kleine Zwiebeln
100 g Champignons
100 g Staudensellerie
500 ml Weißwein
500 ml Geflügelfond
1 TL weiße Pfefferkörner
2 Knoblauchzehen
2 Zweige Thymian
1 Lorbeerblatt
2 Nelken
100 g Crème fraîche
1 Schuss trockener Weißwein
150 g Backpflaumen
1 Zweig Estragon

Tipp:
Sie können natürlich die Backpflaumen schon am Anfang zugeben, dann bekommen Sie aber eine fast süße Sauce, ich persönlich finde es besser, wenn die Pflaumen ihre Süße für sich behalten und einen Kontrast zum Hähnchen bilden.

Putenrollbraten in Buttermilch geschmort

Rezept für 4 Personen

1 Putenoberkeule ohne
Knochen (von ca. 1 kg)
Salz, Pfeffer
1 EL Senf
1 Bd. Salbei
4 Zweige Rosmarin
50 g weiche Butter
Butterschmalz zum Braten
1,5 l Buttermilch
1 TL Speisestärke oder Mehl
Rouladengarn zum Binden

Die Putenoberkeule innen salzen, pfeffern und mit Senf einrei-
ben. Einige abgezupfte Salbei- und Rosmarinblätter verteilen. Die
Keule zu einem Rollbraten rollen und mit Rouladengarn binden.
Außen mit Butter einpinseln, salzen, pfeffern und bei mäßiger
Hitze in Butterschmalz von allen Seiten anbraten.

In der Zwischenzeit die Buttermilch mit der Stärke verrühren und
langsam aufkochen. Den Braten mit der Buttermilch aufgießen,
salzen und pfeffern, sowie die restlichen Kräuter dazulegen. Bei
milder Hitze im Ofen – d.h. ca. 150 °C Ober/Unterhitze – oder
auf der Platte 2 Stunden schmoren, dabei öfter drehen und übergießen. Die Kräuter entfernen, den Braten nochmals 15 bis 20
Minuten in Alufolie ruhen lassen, aufschneiden, eventuell etwas
sautiertes Frühlingsgemüse dazu reichen.

Tipp:
Die Sauce eventuell durch ein Sieb gießen und mit dem
Mixstab aufmixen oder „rustikal" zu dem aufgeschnittenen
Braten reichen.

2 kleine, frische Hähnchen
(à 1 kg)
Salz, schwarzer Pfeffer aus der
Mühle
2 EL Fenchelsamen
2 Zweige Rosmarin
2 Zweige Thymian
2 Lorbeerblätter
Olivenöl
80 ml Pastis
8 ungeschälte
Knoblauchzehen
8 ungeschälte
Schaschlikzwiebeln
750 g kleine Kartoffeln

Hähnchen mit Pastis und Knoblauch

Die Hähnchen innen mit Salz, Pfeffer und Fenchelsamen würzen. Rosmarin, Thymian und Lorbeer in den Bauch stecken. Die Keulen zusammenbinden, die Hähnchen im heißen Olivenöl in einem Bräter anbraten, dann außen salzen und pfeffern. Den Pastis über die Hähnchen geben. Die Knoblauchzehen, die Zwiebeln und die gewaschenen Kartoffeln dazulegen, den Bräter in den Ofen stellen und mit geschlossenem Deckel bei 150 °C 20 bis 30 Minuten braten.

Den Deckel abnehmen, weitere 15 Minuten schmoren, dann die Hähnchen, die Kartoffeln, die Zwiebeln und den Knoblauch rausnehmen, die Sauce entfetten, mit etwas gekochter Kartoffel und Olivenöl binden. Eventuell mit etwas Pastis abschmecken.

Tipp:
Eine unglaublich leckere und einfache Beilage sind ganz kurz in wenig Olivenöl frittierte Kirschtomaten an der Rispe. In Frankreich, dem Heimatland des Pastis, zählen die Kartoffeln als Gemüse, deshalb noch Stangenweißbrot dazu reichen.

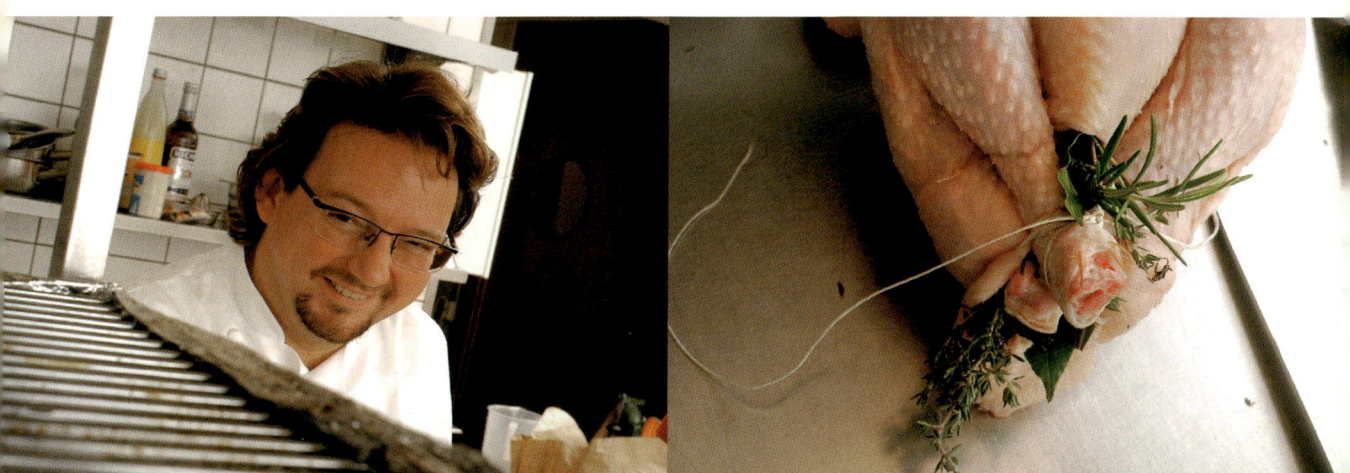

Weihnachtsente

Die Keulen der Ente auslösen und mit einer starken Geflügelschere den Rücken rundherum abtrennen. Alle Teile salzen und von unten pfeffern. In einem breiten Topf das Entenschmalz erhitzen. Äpfel und Zwiebeln schälen, die Äpfel entkernen, beides in grobe Stücke schneiden und in dem Entenschmalz anbraten. Lebkuchen in Würfel schneiden und zufügen, Kräuter und Gewürze ebenfalls. Mit dem Apfelsaft ablöschen, wenig Geflügelfond zugießen und in die Saftpfanne umgießen. Die Entenstücke mit der Haut nach oben drauflegen und das Blech in den auf 190 °C vorgeheizten Ofen schieben. 30 bis 45 Minuten bei Umluft braten, dann bei 250 °C weitere 10 Minuten. Zwischendurch immer wieder etwas Geflügelfond angießen. Die Entenstücke herausnehmen und warmstellen. In der Zwischenzeit die entstandene Sauce in den breiten Topf umfüllen. Wenn Sie eine sämige Sauce wünschen, pürieren Sie nun die Äpfel und Zwiebeln vor dem Passieren. Zum Anrichten nur noch die Keulen in zwei Teile und die Brust in Scheiben schneiden.

1 Ente (à 2 kg)
Salz, weißer Pfeffer aus der Mühle
2 EL Entenschmalz
2 Äpfel
2 große Gemüsezwiebeln
50 g Lebkuchen ohne Glasur oder Schokolade
1 kleiner Bd. Majoran oder Beifuß
6 Wacholderbeeren
1 kleines Stk. frischer Ingwer
6 Pimentkörner
200 ml Apfelsaft
500 ml Geflügelfond

Tipp:
Das Rückenteil können Sie mitbraten, um eine kräftige Sauce zu bekommen oder später eine Brühe davon kochen als Grundlage für eine Kartoffelsuppe.
Ingwer und Beifuß helfen das Fett zu verdauen.

Fisch

Matjes mit grünen Bohnen und Wacholder

Die 8 Matjesfilets in eiskaltem Mineralwasser etwa 1 Stunde einlegen. Schalotten fein schneiden, Kartoffeln in Scheiben schneiden, von den Zitronen die Filets auslösen, die grünen Bohnen putzen, blanchieren und abschrecken. 2 längliche, dünne Scheiben durchwachsenen Speck in einer Pfanne knusprig braten, im Speckfett die Schalotten anschwitzen und die fein zerdrückten Wacholderbeeren mitbraten. Die grünen Bohnen und Kartoffeln kurz darin schwenken.

Aus kaltgepresstem Rapsöl, Zitronensaft, wenig Salz, Zucker und schwarzem Pfeffer eine Vinaigrette rühren. Alles lauwarm mischen, die Zitronenfilets und 2 Gläschen Genever darüber geben. Die Matjesfilets aus dem Wasser nehmen, gut mit Küchenpapier trocken tupfen und noch eiskalt auf den Bohnen-Kartoffelsalat geben und den Speck darüber legen.

Rezept für 4 Personen

½ l Mineralwasser
8 Matjes
2 Schalotten
4 mittelgroße Kartoffeln
2 Zitronen
400 g grüne Bohnen
4 Wacholderbeeren
kaltgepresstes Rapsöl
Zitronensaft
Salz
Zucker
schwarzer Pfeffer
2 Gläschen Genever
4 Scheiben durchwachsener Speck

Tipp:
Matjes nie auf einer Silberplatte servieren, der Genuss vergeht genauso wie bei Kaviar und Ei, wenn sie mit Silber in Berührung kommen.

Rezept für 4 Personen

4 Reisblätter
50 g Blattspinat
Sonnenblumenöl
1 Knoblauchzehe
Salz, weißer Pfeffer aus der
Mühle
Muskatnuss
300 g frisches Schellfischfilet,
ohne Haut und Gräten
3 Flaschentomaten
100 g gekochte Linsen
Saft einer halben Zitrone
Chili aus der Mühle
1 TL Sesamöl
50 g Vollkorntoast
1 Eiweiß, leicht angeschlagen
1 Schalotte
2 cl Noilly Prat
4 cl Weißwein
250 ml Gemüsebrühe
wenig Kartoffelstärke, in
kaltem Wasser angerührt
fein geschnittene Kräuter nach
Geschmack

Schellfisch im Reisblatt mit Spinat und Linsen

Die Reisblätter zwischen zwei nasse Tücher legen und ca. 15 Minuten einweichen lassen. Den Blattspinat von den Stielen befreien, waschen und in kochendem Salzwasser blanchieren, dann in gesalzenem Eiswasser abschrecken, abtropfen lassen und gut ausdrücken. In einer flachen Pfanne wenig Sonnenblumenöl erhitzen, die Knoblauchzehe schälen, zufügen und den Spinat kurz mitdünsten. Mit Salz, Pfeffer und Muskat abschmecken und die Knoblauchzehe entfernen. In einer Schüssel den Spinat, den in walnussgroße Stücke geschnittenen Fisch, das gewürfelte Tomatenfleisch und die Linsen mischen. Mit Zitronensaft, Chili und Sesamöl würzen. Den Vollkorntoast toasten, in Würfel mit ½ cm Kantenlänge schneiden und zugeben. Anschließend die Masse auf die vier Reisblätter verteilen. Die Ränder der Blätter mit Eiweiß bestreichen, Päckchen rollen und nochmals mit Eiweiß bestreichen. In einer flachen Pfanne oder einer beschichteten Auflaufform in wenig Öl kurz anbraten und im Ofen 10 Minuten bei 225 °C knusprig werden lassen.

Die klein gehackten Schalotten in wenig Pflanzenöl anschwitzen, mit Noilly Prat und Weißwein ablöschen, die Brühe zugeben, aufkochen, mit sehr wenig Stärke leicht binden und abschmecken. Zum Schluss die Kräuter zugeben und mit den gebackenen Schellfischpäckchen anrichten.

Tipp:
Wie bekommen Sie ein Eiweiß, ohne ein ganzes Ei zu nehmen? Frieren Sie immer, wenn Sie nur ein Eigelb brauchen, das Eiweiß in einem kleinen Gefrierbeutel ein.
Schellfisch ist mit 0,1 g Fett/100 g und 80 kcal/100 g nicht nur sehr mager, er enthält auch viel leicht verdauliches Eiweiß, Selen, Jod, Kalium, Kalzium, Zink und B-Vitamine.

Im Ganzen gebackene Forelle

Rezept für 4 Personen

8 EL milde Sojasauce
1 TL Zucker
1 TL fein geriebener oder
gehackter Ingwer
1 gehackte Knoblauchzehe
1 EL Sesamöl
6 EL kaltgepresstes Rapsöl
2 frische Stangen Zitronengras
1 rote Chilischote
½ Bd. grob gehacktes
Koriandergrün
1 filierte Limone
4 Forellen (je 400–500 g)
Mehl zum Bestäuben
Rapsöl zum Frittieren

Für die Marinade Sojasauce mit Zucker, Ingwer und Knoblauch verrühren. Sesam- und Rapsöl einrühren. Zitronengras in sehr feine Ringe schneiden, Chilischote aufschneiden, auswaschen und ebenfalls in feine Ringe schneiden. Zusammen mit dem Koriandergrün und den Limonenfilets der Marinade hinzufügen. Etwas ziehen lassen.

Die Forellen waschen und gut abtrocknen. Auf beiden Seiten bis zur Mittelgräte im Abstand von 1 cm quer einschneiden und sorgfältig in Mehl wälzen. Ungesalzen im 180 °C heißen Öl 4 bis 5 Minuten knusprig ausbacken. Auf Küchenpapier abtropfen lassen. Die Fische anrichten und mit der Marinade beträufeln.

Tipp:
Als Beilage eignet sich
zartes Frühlingsgemüse,
im Wok kurz gebraten.

Hamburger Kartoffelgratin

Rezept für 4 Personen

Die Kartoffeln ungeschält oder geschält kochen oder dämpfen, abgießen und ganz kurz ausdampfen lassen. Dann sofort durch die Presse drücken, die heiße Milch angießen, würzen und die Butter in kleinen Stücken unterziehen. Weißwein und Sahne leicht einkochen. In Ringe geschnittene Schalotten und in Scheiben geschnittene Champignons in Butter anschwitzen. Den Fisch in große Stücke schneiden und zugeben, salzen und pfeffern. Den Zitronensaft, die Blattpetersilie und die Sahne-Weinmischung angießen und in eine Auflaufform füllen. Mit dem Püree das Fischragout abdecken, mit Butterflöckchen bedecken und im Ofen 20 bis 30 Minuten bei 220 °C überbacken.

1 kg mehlig kochende
Kartoffeln
200 ml Milch
50 g Butter
100 ml Weißwein
250 g Sahne
2 geschälte Schalotten
8 Champignons
400 g Kabeljaufilet
Salz, weißer Pfeffer aus der
Mühle
Muskat von der Reibe
Saft einer Zitrone
1 EL gehackte Blattpetersilie

Tipp:
Kartoffelpüree nie mit dem Schneebesen oder gar mit dem elektrischen Handmixer verrühren: Augenblicklich verkleistert die Stärke und das Püree wird zäh und klebrig.

Rollmops von der Forelle

Rezept für 4 Personen

4 Forellen (à 300 g)
Salz
Chili aus der Mühle
50 g Karotten (Juliennes)
50 g Knollensellerie
50 g Lauch
50 g Gewürzgurke

für den Sud:
4 kleine Zwiebeln
100 ml Tafelessig (5 %)
750 ml Wasser
6 EL Salz
6 EL Zucker
2 Zweige Dill
4 kleine Zwiebeln
2 Lorbeerblätter
1 TL Senfkörner
1 TL weiße Pfefferkörner
1 TL Wacholderbeeren
1 TL Piment

Die Filets filieren, enthäuten und entgräten (oder einfach den Fischhändler ganz lieb um diese Vorbereitung bitten). Mit der Fleischseite nach oben auf einer Arbeitsfläche ausbreiten, salzen und mit Chili würzen. Das Gemüse in Streifen schneiden und am dünnen Ende des Fischs auflegen, die Filets fest einrollen und mit einem Spieß feststecken.

Die Zwiebeln in kleine Ringe schneiden. Für den Sud alles zusammen aufkochen, etwas abkühlen lassen und in einer Schüssel auf die Röllchen gießen, bis sie bedeckt sind. Ungefähr 2 Tage ziehen lassen und kalt mit Bratkartoffeln servieren.

[Tipp:
Bratkartoffeln in reichlich Rapsöl schwimmend knusprig braten, dann abgießen und eventuell mit angeschwitztem Speck, Zwiebeln, Kümmel, Blattpetersilie und Salz vollenden.]

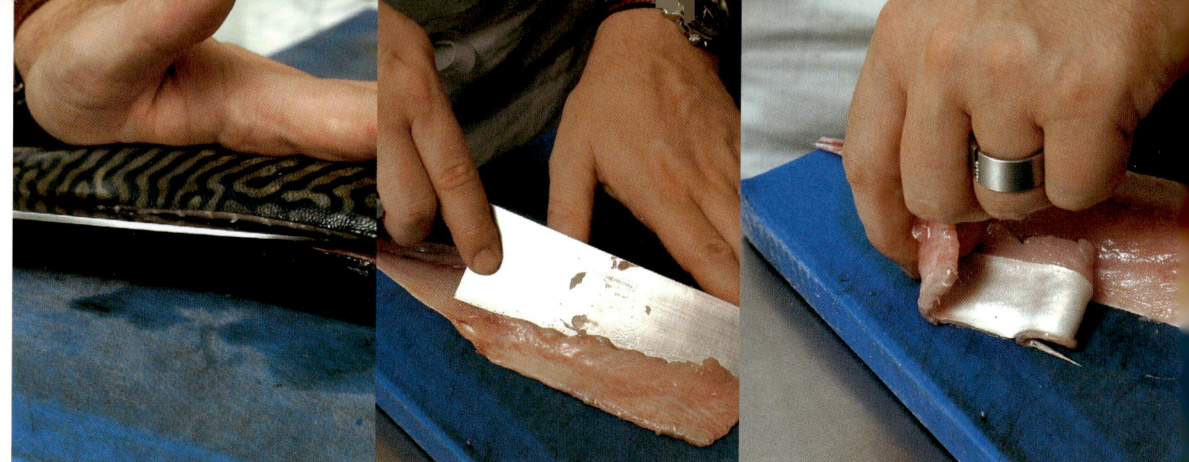

Kross gebratene Makrele mit Kopfsalat, Erbsen und jungem Knoblauch

Rezept für 4 Personen

Die Makrelen filieren (oder vom Fischhändler vorbereiten lassen), die Haut mit einer Rasierklinge einritzen, salzen und nur auf der Hautseite mehlieren.

In einer mittelheißen Teflonpfanne auf der Hautseite in Pflanzenöl braten, bis die Haut kross, das Fleisch aber noch etwas glasig ist. Auf die Fleischseite drehen, ½ EL Butter, den Thymian und einen Spritzer Limonensaft zufügen. Die Filets herausnehmen und auf ein Tuch legen.

Den jungen Knoblauch in die einzelnen Zehen zerteilen, diese in gesalzener Milch 2 Minuten blanchieren und anschließend von der Haut befreien. Butter in einer Pfanne leicht bräunen, die Knoblauchzehen anschwitzen. Geputzte Kopfsalatherzen und die Erbsen hinzufügen. Durchschwenken, leicht salzen und anrichten. Die Makrelenfilets darauf legen.

2 frische Makrelen (à 400–600 g)
Mehl zum Mehlieren
Pflanzenöl
Butter
1 Zweig Thymian
1 Limone
1 Knolle Knoblauch
Milch
Salz
Herzen von 2 Kopfsalaten
40 g junge Erbsen, in stark gesalzenem Wasser blanchiert

Tipp:
Wenn man mag, kann man noch eine leichte Knoblauchsauce reichen, zubereitet aus: 100 ml Geflügelfond, 20 Gramm Butter, 20 Gramm Sahne, 1 EL Crème fraîche, einer der blanchierten Knoblauchzehen, Salz, Limonensaft. Alles zusammen aufkochen und mit dem Mixstab pürieren. Falls die Sauce zu dünn ist, noch etwas Butter einmixen, falls zu dick, etwas Geflügelfond zugeben.
Wenn dieses Gericht im Vau auf der Karte steht, wissen wir, dass Frühling ist.

Zander mit krosser Haut auf Paprika-Kürbisgemüse

Das Olivenöl erhitzen, darin die fein geschnittenen Schalotten und die klein geschnittene Paprika anschwitzen (ohne Farbe). Den geriebenen Kürbis dazugeben und mit anschwitzen. Jetzt mit Paprikapulver und Cayennepfeffer bestäuben und mit dem Geflügelfond ablöschen. Salzen, pfeffern und etwas gehackten Kümmel dazugeben. Nun das Ganze auf kleiner Flamme ca. 1 Stunde ziehen lassen, bis die Flüssigkeit fast vollständig weg ist. Jetzt die Crème fraîche und einen Spritzer Apfel-Balsamico-Essig hinzufügen. Mit Salz und Pfeffer abschmecken. Kurz vor dem Anrichten noch einen Schuss geschlagene Sahne unterheben. Die Zanderfilets braten und anschließend auf einem Teller anrichten, mit Kürbiskernöl beträufeln und das Kürbisgemüse dazulegen.

Rezept für 4 Personen

30 ml Olivenöl
100 g Schalotten
150 g rote Paprika
150 g gelbe Paprika
500 g Kürbis
Paprikapulver
Cayennepfeffer
200 ml Geflügelfond
Salz, Pfeffer aus der Mühle
Kümmel
4 EL Crème fraîche
Apfel-Balsamico-Essig
1 Schuss geschlagene Sahne
2 Zanderfilets (ca. 300 g)
50 ml Kürbiskernöl

Tipp:
Die Zanderfilets zuerst auf der Hautseite braten, diese dafür einritzen, mit Paprikapulver vermischtem Mehl die Haut stäuben und das Filet beim Braten etwas beschweren, damit das Filet sich nicht wölbt.

Gemüse

Büroklammerspargel mit Hügelsheimer Pfannkuchen

Rezept für 4 Personen

Spargel schälen und je 5 Stangen auf zwei übereinander gelegte Bögen Backpapier legen. Mit Salz und wenig Zucker würzen und mit der geschmolzenen Butter übergießen.

Das Backpapier zusammenfalten, als würde man ein Buch einpacken und mit den Büroklammern verschließen.

Die Pakete nebeneinander auf einem Backblech auf die untere Schiene des 200 °C heißen Backofens schieben oder direkt auf den Boden des Ofens legen und den Spargel 10 bis 20 Minuten garen. Den Spargel aus dem Ofen nehmen, kurz ruhen lassen und die Päckchen bei Tisch öffnen.

Das Wasser mit der Butter und etwas Salz zum Kochen bringen. Mehl zugeben und mit einem Holzlöffel unterrühren. So lange weiterrühren, bis sich ein Kloß bildet, der leicht am Topfboden anklebt. Mit geriebener Muskatnuss würzen und mit geriebenem Käse verrühren. In einer Schüssel oder in der Küchenmaschine nach und nach die Eier unterrühren.

Die Brandteigmasse in einen Spritzbeutel mit kleiner Lochtülle geben. Spiralen von 10 cm Durchmesser auf Backpapier spritzen und ins 170 °C heiße Fett geben. Wenn sich die Spiralen lösen, das Papier wegziehen und in 3 bis 5 Minuten goldbraun ausbacken.

für den Spargel:

40 gleich dicke Stangen
Spargel (à 50 g)
Salz, Zucker
160 g Butter
24 große Büroklammern
Backpapier

für die Pfannkuchen:

¾ l Wasser
100 g Butter
Salz
250 g Mehl
geriebene Muskatnuss
50 g geriebener Hartkäse,
z.B. Allgäuer Bergkäse
4 Eier
Öl zum Ausbacken

Tipp:
Anstatt einer Sauce geben Sie einfach etwas Schnittlauch darüber.

Schwarzbrotknödel mit Wirsinggemüse

Das Brot in 1 cm dicke Würfel schneiden. Speckwürfel in der Pfanne auslassen, zu den Brotwürfeln geben und die lauwarme Milch darüber gießen. Geschnittene Petersilie und Eier zugeben. Mit einem Kochlöffel vorsichtig durchrühren und mit Salz und Pfeffer würzen. Die Mischung ½ Stunde quellen lassen.
Den Käse in 1 cm große Würfel schneiden. Aus der Brotmasse kleine Knödel formen und je einen Käsewürfel als Kern in einen Knödel drücken. Im siedenden Salzwasser 12 Minuten gar ziehen lassen. Knödel herausnehmen und anrichten.
Butter in der Pfanne aufschäumen lassen, Semmelbrösel, Walnüsse und im Mörser zerstoßenen Koriander dazugeben und über die Knödel geben.

für die Knödel:
500 g Roggenmischbrot, je nach Geschmack 50% oder 70% Roggenanteil
40 g Speckwürfel
400 ml lauwarme Milch
2 Stängel Blattpetersilie
4 Eier
Salz, Pfeffer aus der Mühle
150 g fränkischer Rotschmierkäse
50 g Butter
1 EL Semmelbrösel
50 g gehackte Walnüsse
1 EL Korianderkörner

Die Speckwürfel im heißen Wok ausbraten und die Schalotten anschwitzen. Den Strunk des Wirsings entfernen, die Blätter in Stücke zupfen, und diese kurz mitbraten Mit dem Geflügelfond ablöschen und 4 Minuten köcheln lassen. Sahne halb steif schlagen und hinzugeben. Einmal durchköcheln und mit Salz und Pfeffer sowie Muskat abschmecken.

für das Wirsinggemüse:
50 g Speckwürfel
40 g Schalottenwürfel
1 kleiner Kopf Wirsing
50 ml Geflügelfond
100 ml steif geschlagene Sahne
Salz und Pfeffer aus der Mühle
Muskat

Tipp:
Alle Kohlsorten per Hand in Stücke zupfen anstatt zu schneiden, das ergibt ein viel saftigeres Gemüse, es macht allerdings auch saftig mehr Arbeit.

Rezept für 4 Personen

600 g „Cime di rape" d.h.
wilder, italienischer Broccoli
500 g Spaghetti
1 ungeschälte Knoblauchzehe
160 g gekochte, weiße
Bohnen
2 rote Chilischoten
80 ml kaltgepresstes Olivenöl
Salz, schwarzer Pfeffer aus der
Mühle
Parmesankäse oder Pecorino
am Stück

Spaghetti mit wildem Broccoli, weißen Bohnen und Chili

Den Broccoli putzen und in kochendem Salzwasser blanchieren, in gesalzenem Eiswasser abschrecken und abtropfen lassen. Die Spaghetti sehr bissfest kochen. Währenddessen etwas Kochwasser in eine flache Pfanne oder in einen Wok geben, die Knoblauchzehe und die Bohnen zufügen und den Broccoli unterschwenken. Die Chilischoten unter Schwenken auswaschen, in Ringe schneiden und zugeben. Diese Mischung mit Olivenöl binden. Wenn die Spaghetti gar sind, abgießen und mit dem Gemüse mischen. Nachschmecken mit schwarzem Pfeffer und Salz. Anrichten und mit gehobeltem Käse bestreuen.

Tipp:
Wenn Sie den Chilischoten ein wenig Schärfe nehmen wollen, schneiden Sie sie auf und waschen sie in lauwarmem Wasser aus.
Den Käse können Sie gut mit einem Sparschäler fein hobeln.

Roter Paprikarisotto mit sautierten Schluppen und Parmesan

Die Paprikaschoten aufschneiden, von Stil und Kernen befreien, eine Paprikaschote fein würfeln, die restlichen in grobe Stücke schneiden und in wenig Olivenöl anschwitzen. Mit der Geflügelbrühe auffüllen und 30 Minuten weich kochen. Im Mixer pürieren. Es sollen ca. 600 ml Paprikafond entstehen. Die Schalotten schälen, würfeln und in Olivenöl anschwitzen. Die feinen Paprikawürfel mit anschwitzen, den Risottoreis zufügen und glasig werden lassen. Mit dem Weißwein ablöschen, vollkommen einkochen lassen und während der nächsten 15 Minuten den warmen, pürierten Paprikafond nach und nach zugeben. Die Butter würfeln und zusammen mit dem geriebenen Parmesan unterrühren, salzen und pfeffern. In der Zwischenzeit die Schluppen in Olivenöl anbraten, nach 5 Minuten salzen, zuckern und pfeffern. Den Rissotto in tiefen Tellern anrichten. Die Schluppen auf den Risotto legen und gehobelten Parmesan und schwarzen Pfeffer draufgeben.

5 rote Paprika
Olivenöl
500 ml Geflügelbrühe
2 Schalotten
300 g Risottoreis
100 ml trockener Weißwein
50 g Butter
50 g geriebener Parmesan
50 g Parmesan am Stück
Salz, schwarzer Pfeffer aus der Mühle
Zucker
12 Schluppen oder Frühlingszwiebeln, geputzt und in 5 cm lange Stücke geschnitten

Tipp:
Den Parmesan hobeln Sie am besten auf der Aufschnittmaschine – Vorsicht auf die Finger – oder besser mit einem Trüffelhobel mit glatter Schneide, den können Sie auch wunderbar zum Hobeln von Radieschen und Gurken benutzen oder natürlich zum Hobeln von Trüffeln.

Frischkäseauflauf mit Auberginen, Couscous, Kichererbsen und Minze

Rezept für 4 Personen

Den Couscous in einer Schüssel mit heißer Geflügelbrühe übergießen und quellen lassen. Auberginen längs in 1 cm dicke Scheiben schneiden, leicht salzen, 15 Minuten ziehen lassen, abtupfen und in heißem Rapsöl von beiden Seiten goldbraun braten. Auf Küchenpapier abtropfen lassen.

Beide Frischkäse mit den Eiern verrühren. Die Frühlingszwiebeln in Ringe schneiden und mit der Hälfte der Kräuter unterrühren. Die Walnüsse zugeben und mit Salz und Pfeffer abschmecken. Trockengetupfte Auberginen als Boden in eine Auflaufform legen, leicht salzen, mit der Hälfte der Käsemasse bestreichen. Mit Auberginenscheiben abdecken.

Den Couscous mit den eingeweichten und gar gekochten Kichererbsen mischen, mit Salz, frischem Chili, Minze und Petersilie abschmecken und als mittlere Schicht auf die Auberginenscheiben geben. Wieder mit Auberginenscheiben belegen, noch einmal mit Käsecreme bestreichen und zuletzt mit Auberginen abdecken.

Die obere Auberginenschicht gut festdrücken, mit den Semmelbröseln bestreuen und mit wenig kaltgepresstem Rapsöl beträufeln. Im vorgeheizten Backofen bei 200 °C 30 bis 45 Minuten auf der mittleren Einschubleiste backen.

100 g Couscous-Grieß, mittel
1 l Geflügelbrühe
2 kg Auberginen
Salz, weißer Pfeffer aus der Mühle
Rapsöl zum Braten und Begießen des Auflaufs
jeweils 200 g cremiger und körniger Frischkäse
2 Eier
3 Frühlingszwiebeln
1 Bd. fein geschnittene Minze
1 Bd. fein geschnittene Blattpetersilie
50 g Kichererbsen
1 EL fein geschnittener, frischer Chili
150 g in grobe Stücke gehackte Walnüsse
50 g Semmelbrösel

Tipp:
Eine Tomatensauce passt ebenso gut wie eine Paprikasauce.

Desserts

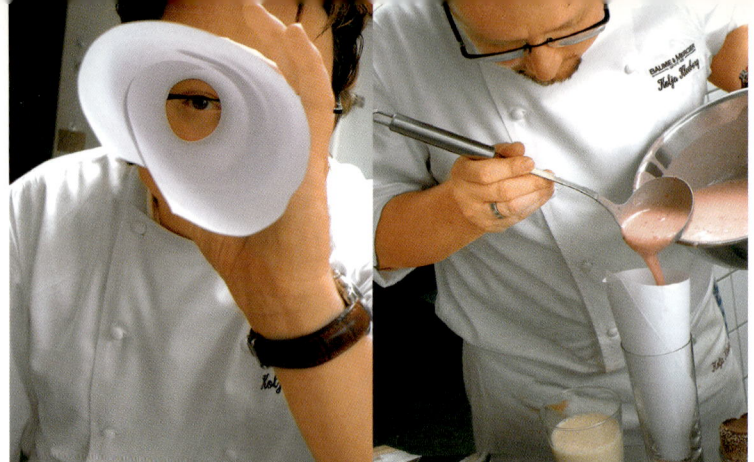

Buttermilch „Pfirsich Melba" mit Marzipankuchen im Glas

Butter und Zucker mit einer Prise Salz und der Orangenschale im Mixer schaumig schlagen. Das Marzipan reiben oder durch eine Kartoffelpresse drücken und unterrühren. Die Eier verschlagen und nach und nach unterrühren. Mehl, Stärke, Mandeln und Backpulver mischen und schnell unterheben. 8 dickwandige Gläser mit 0,2 l Inhalt ausbuttern und mit Zucker auskleiden. Den Teig einfüllen und auf dem Ofenblech bei 175 °C Ober-/Unterhitze 30 bis 40 Minuten backen.

Die Pfirsiche halbieren, entsteinen und im Zitronensaft wälzen. Mit der Hälfte der Himbeeren, dem Joghurt, der Buttermilch und dem Honig im Mixer verrühren und durch ein feines Sieb passieren. Die Kräuter zupfen, die Blätter fein schneiden und mit den restlichen Himbeeren unter den Joghurt mischen. In vorgefrorene Gläser füllen.

Tipp:
Ein Schuss Amaretto im Pfirsichdrink darf nach 17 Uhr auch sein und schmeckt genial.

Rezept für 4 Personen

250 g Butter
160 g Zucker
Salz
abgeriebene Schale einer Orange
200 g Marzipan
5 kühlschrankkalte Eier
200 g Mehl
80 g Speisestärke
100 g Mandelgrieß
2 TL Backpulver
weiche Butter und Zucker für die Gläser
450 g Pfirsiche
Saft einer halben Zitrone
250 g Himbeeren
200 g Joghurt
500 g Buttermilch
120 g Honig
1 kleiner Bd. Minze oder Zitronenmelisse

Rotweinbirne im Emmentaler Käseteig gebacken

Rezept für 4 Personen

4 kleine Birnen
250 ml trockener Rotwein
4 EL Zucker
1 aufgeschnittene Vanilleschote
1 Zimtstange
2 Nelken
200 ml Sahne
1 Ei
100 g Mehl
75 g Allgäuer Emmentaler
Salz
1 Eiweiß
Mehl zum Mehlieren
Rapsöl oder Butterschmalz
zum Ausbacken
4 EL Zucker
½ TL gemahlene Nelken
4 Eigelb

Die Birnen schälen, halbieren und entkernen. Den Rotwein mit Zucker, Vanille, Zimt und Nelken 15 Minuten köcheln und dann die Birnen mitkochen, bis sie gar sind. Aus dem Wein nehmen und abtropfen lassen. Sahne, Ei, Mehl und fein geriebenen Käse mit einer Prise Salz zu einem Teig verrühren und 1 Stunde quellen lassen. Das Eiweiß halbsteif schlagen und unterheben, die Birnenhälften in Mehl wenden und durch diesen Ausbackteig ziehen. In 175 °C heißem Fett goldbraun backen und durch eine Mischung aus Zucker und gemahlenen Nelken ziehen.
Den Rotwein passieren und mit den übrigen Eigelb über dem Wasserbad zu einer Weinschaumsauce aufschlagen.

Tipp:
Walnusseis passt am besten zu diesem Nachtisch.

Dresdner Eierschecke

Rezept für 20–25 Stück

250 g Mehl
20 g Hefe
100 ml lauwarme Milch
35 g Zucker
35 g flüssige Butter
1 Pr. Salz
1 Ei
70 g Butter (fürs Backblech)
500 ml Milch
40 g Vanillecremepulver
225 g Butter
320 g Zucker
750 g Quark (20 % Fett)
Schale einer unbehandelten
Zitrone
Mark einer Vanillestange
8 Eigelb
8 Eiweiß

Tipp:
Dieses Rezept ist sozusagen eine mündliche Überlieferung, denn es ist das Eierschecken-Rezept von Katjas Mutter. Katja ist meine Patissière im Restaurant Vau.

Das Mehl in eine Schüssel sieben. In die Mitte eine Vertiefung drücken und die Hefe hineinbröckeln. Hefe mit der Hälfte der warmen Milch und des Zuckers vermengen. Abgedeckt an einem warmen Ort etwa 20 Minuten gehen lassen.

Die Butter zerlassen. Mit der restlichen Milch, Zucker, Salz und dem verquirlten Ei vermischen und zum Teig geben. Mit dem Knethaken des Handrührgerätes sehr gut durchschlagen. Nochmals kurz ruhen lassen. Hefeteig in der Größe des Backblechs ausrollen, auf das gefettete Blech legen. Für die Puddingmasse Milch erhitzen und das in etwas kalter Milch angerührte Puddingpulver einrühren. Aufkochen und abkühlen lassen. Butter und Zucker im Mixer schaumig aufschlagen. Die Hälfte dieser Mischung mit dem Quark verrühren, die Zitronenschale und die Vanille unterrühren, mit der Hälfte des fertigen Puddings glatt rühren. Die andere Hälfte der Zucker-Buttermischung in eine Schüssel geben, mit der anderen Hälfte des Puddings verrühren und das Eigelb unterrühren. Das Eiweiß mit einer Prise Salz steif schlagen und vorsichtig unterheben.

Den Backofen auf 160 °C vorheizen. Den Hefeteig mit Quarkmasse bestreichen. Die Puddingcreme als Decke darauf streichen. Im Backofen 1 ½ Stunden bei 160 °C Ober-/Unterhitze backen. Mit Puderzucker bestreuen oder mit zerlassener Butter einpinseln und mit Streuzucker bestreuen.

Erdbeeren mit Senf, Essig und Vanilleeis

Rezept für 4 Personen

600 g Erdbeeren
1 EL brauner Zucker
abgeriebene Schale einer halben Zitrone
1 Spritzer Zitronensaft
70 ml Läuterzucker
3 cl Balsamicoessig
3 TL scharfer Senf
4 EL Olivenöl
200 ml Sahne
20 g Zucker
Mark einer Vanilleschote

Die Erdbeeren waschen, abtrocknen und dann putzen. Große Erdbeeren halbieren und mit braunem Zucker und Zitronenschale mischen, etwas Saft ziehen lassen. Diesen abgießen und mit Läuterzucker, Essig, Olivenöl und Senf verrühren. Die Erdbeeren dazugeben und nochmals 20 Minuten ziehen lassen. In der Zwischenzeit die Sahne mit dem Zucker und dem Vanillemark halbsteif schlagen. Auf einem Teller einen Klecks Sahne anrichten, die Erdbeeren mit der entstandenen Sauce daneben geben und eine Kugel Vanilleeis dazu reichen.

Tipp:
Läuterzucker können Sie sich sehr einfach zu Hause herstellen, dann haben Sie immer eine Art flüssige Süße zum Abschmecken von Obst und Desserts parat. 350 ml Weißwein oder Wasser mit 350 g Zucker aufkochen, abkühlen lassen und in eine Wasserflasche füllen.

Rezept für 4 Personen

500 g Speisequark (40%)

50 g Zucker

Mark von 4 Vanilleschoten

abgeriebene Schale von

2 Zitronen

500 ml halbsteif geschlagene

Sahne

10 Eiweiß

40 g getrocknete Birnen

40 g getrocknete Apfelringe

60 g Backpflaumen

50 g Dörraprikosen

1 Vanillestange

1 Zimtstange

50 g Zucker

500 ml aromatisierter Tee

(Wintertraum)

100 ml Pflaumensaft

Quarkmousse mit Backobst (Bibeleskäsmousse)

Quark, Zucker, Vanillemark und Zitronenschale verrühren und die Sahne unterheben. Eiweiß mit 100 g Zucker zu festem Eischnee schlagen und vorsichtig unter die Quarkmasse heben. In ein Tuch über ein Sieb geben und über Nacht abtropfen lassen.

Backobst, Vanillestange und Zimtstange mit dem Zucker vermischen, mit dem heißen Tee übergießen und über Nacht ziehen lassen.

Das Backobst mit dem Sud und dem Pflaumensaft nochmals aufkochen. Von der Mousse mit einem heißen Löffel Nocken abstechen, Backobst und etwas Sauce dazu anrichten.

Tipp:

Ausgekratzte Vanillestangen in normalen Zucker legen, das ergibt mit der Zeit einen herrlichen, aromatischen Vanillezucker.

Man kann ebenso Magerquark und anstatt Sahne Joghurt für dieses Rezept verwenden, das ergibt eine etwas schlankere Version.

Bibeleskas oder Bibeleskäs ist ein allemanischer Ausdruck für Quark.

Schokoladenpudding mit karamellisiertem Pumpernickel und Chili

Eigelb mit 50 g Zucker schaumig schlagen. Stärke in etwas von der kalten Milch anrühren und unter das Eigelb rühren. Milch, Sahne, 50 g Zucker, eine Prise Salz und Kakaopulver vermischen und mit Vanille, Anis und Zimt aufkochen. Die geschlagenen Eier mit etwas von der kochenden Flüssigkeit verrühren, alles zurück in den Topf gießen und bis zum Aufkochen mit dem Schneebesen schlagen.

Neben dem Herd die Couverture und die in kaltem Wasser eingeweichten, ausgedrückten Gelatineblätter unterrühren. Die Eiweiß mit dem restlichen Zucker eher schaumig als steif schlagen und unter den noch warmen Pudding ziehen.

Den Pumpernickel in grobe Stücke bröseln und in aufschäumender Butter anbraten, mit Puderzucker bestäuben und karamellisieren. Auf den Schokoladenpudding streuen und mit Chili bestäuben.

6 Eigelb
230 g Zucker
30 g Stärke (Mondamin)
200 ml Vollmilch
150 ml Sahne
1 Pr. Salz
30 g Kakaopulver
1 Vanillestange
4 Sternanis
½ Zimtstange
120 g fein gehackte, dunkle Couverture
2 Bl. Gelatine
6 Eiweiß
2 Scheiben Pumpernickel
20 g Butter
20 g Puderzucker
Chili aus der Mühle

Tipp:
Wenn Sie statt Schokoladenpudding lieber Vanille- oder Zitronenpudding mögen, verwenden Sie einfach statt der Schokolade viel Vanille oder geriebene Zitronenschale.

Register

Aceto Balsamico 53
Allgäuer Bergkäse 31, 76
Allgäuer Emmentaler 86
Amaretto 84
Apfel 40, 64, 91
Apfelessig 35, 74
Apfelsaft 54, 64
Apfelschmalz 45
Apfelwein 49
Armer Ritter 37
Auberginen 28, 82
Auflauf 82

Backobst 91
Backpflaumen 60, 91
Balsamico, weißer 21, 28
Beifuß 64
Bibelekasmousse 91
Bier 18
Birne 40, 49, 56, 86, 91
Birnenschnaps 56
Blattpetersilie 32, 36, 49,
    70, 78, 82,
Blattspinat 67
Blauschimmelkäse 35
Blutwurst 37
    Blutwurstgröstel 37
Bockbier 18
Bockwurst 30, 46
Bockwurstsalat 30
Bohnen 36,42,66,79
    dicke 42
    grüne 36, 66
    weiße 36, 79
Borretsch 38
Broccoli 79
Brot 14f., 18, 24, 31, 37f.,
    45, 48, 52, 67, 78
Brotsalat 31
Brotsuppe 23
Brotwürfel 32
Butter 14
    Süßrahmbutter 14
    Sauerrahmbutter 14
    mildgesäuert 14
Buttermilch 10, 38, 61, 84

Calcium 10, 12, 67
Calium 67
Champignons 26, 60, 70

Chicorée 35
Chili 28, 67, 82, 92
    Chilipulver 37
    Chilisauce 54
    Chilischote 24, 69, 79
Cime di rape 79
Cognac 41
Couscous 59, 82
Couscoussalat 59
Couverture 92
Crème fraîche 20, 48, 60
Croûtons 35, 56

Desserts 84-92
Dickmilch 10
Dill 45, 51, 71
Dörraprikose 91

Egerlinge 37
Eichblattsalat 31
Eier 12, 20, 31f., 37f., 41f.,
    56, 67, 76, 78, 82, 84,
    86f.
    Gewichtsklassen 12
    Güteklassen 12
Eierschnecke 87
Eisen 11f.
Eiweiß 11, 16, 67
Emmentaler 40
Ente 64
    Entenbrust 21, 58
    Entenschmalz 64
Erbsen 72
Erdbeeren 89
Erdnüsse 54
Escarol 32
Estragon 60
    Estragonessig 51

Feldsalat 52
Fenchel 23, 28
    Fenchelsamen 63
Fettsäuren 13
Fischgerichte 66-74
Flaschentomaten 67
Fleisch 11
    Zubereitungszeiten 12
    Fleischgerichte 48-57
Forelle 69
Frischkäse 58, 82
    Frischkäseauflauf 82
Frühlingszwiebel 30, 80, 82

Gazpacho 24
Geflügel 12f.
Geflügelgerichte 59-64
Gelatine 92
Gelles 15
Gemüse 16
    Gemüsegerichte 76-82
Gemüsezwiebeln 24, 64
Genever 66
Gewürzgurke 71
Gouda 20
Griebenschmalz 26
Grünkohl 26
    Grünkohlsuppe 26
Gruyère 40

Haferflocken 26
Hähnchen 60, 63
Handkäse 46
Harzer Käse 45
Hefe 87
    Hefeteig 15
Himbeeren 84
H-Milch 10
Honig 54, 84
Hüttenkäse 37

Ingwer 54, 64, 69
    Ingwerrotkohl 54

Jod 67
Joghurt 10, 84

Kabeljaufilet 70
Kakao 92
Kalbfleisch 11f.
Kalbsbrust 50
Kalbskotelett 53
Kalium 16, 67
Kapern 38, 57
Kartoffelgratin 70
Kartoffeln 16, 21, 26, 36,
    40, 49, 52, 57, 63, 66,
    70
    Kartoffelpüree 26
    Kartoffelsalat 36, 52
    Kartoffelsorten 16
    Kartoffelstroh 26
    Kartoffelsuppe 21
Käse 10, 31, 35, 40, 76, 78f.
Kasseler 49
Kefir 10

Kerbel 38
Kichererbsen 28, 82
Kirschtomaten 63
Knackwürste 46
Knoblauch 18, 21, 23f., 26,
    35, 48, 54, 60, 63, 67,
    69, 72, 79
Knoblauchsauce 72
Knödel 78
    Knödelsalat 32
Knollensellerie 48, 71
Kohlenhydrate 10, 14, 16
Konfitüre 15
Kopfsalat 72
Koriander 69, 78
Kräuterbutter 14
Kresse 38
Kümmel 18, 74
Kürbis 74
    Kürbiskerne 52
    Kürbiskernöl 52, 74

Lammkeule 52
Lammschnitzel 52
Lammschulter 48
Lauch 48, 57, 71
Läuterzucker 89
Lebkuchen 64
Lecithin 12
Limburger 32
Limone 36, 69, 72
Linsen 67
Lorbeer 23, 26, 48, 51,
    56f., 60, 63, 71

Magnesium 16
Majoran 21, 37, 53, 64
Makrele 72
Mandelgrieß 84
Mandeln 24
Maronen 49
Marzipankuchen 84
Matjes 66
Meerrettich 56
Miesmuscheln 23
Milch 10, 20, 32, 37, 42,
    70, 72, 87
    Milchfett 10
    Milchzucker 10
Mineralstoffe 11, 16
Minze 82, 84
Mischbrot 15

Möhren 23, 48f., 51, 56f., 71
Molke 10
Mürbeteig 41
Muskat 20, 32, 42, 46, 70, 78
    Muskatnuss 21, 40, 67, 76

Natrium 12
Nelken 60, 86
Noilly Prat 67
Nudelsalat 28

Obst 16
Obstessig 30f., 52
Oliven 36
Orange 84

Paprika 28, 58, 74
    Paprikapulver 37, 74
    Paprikaschote 24, 59, 80
    Paprikaspieße 59
Parmesan 79f.
Pasteurisieren 10
Pastis 63
Pecorino 79
Pellkartoffeln 66
Perlzwiebeln 57
Petersilie 21, 23, 30, 32, 38, 42, 57, 78
Petersilienwurzel 23, 56
Pfannkuchen 42, 76
Pfefferpotthast 57
Pfirsich
Pflanzenstoffe, sekundäre 16
Pflaumensaft 91
Piment 40, 51, 56, 64, 71
Pimpinelle 38
Pinienkerne 41
Pudding 92
Pumpernickel 57, 92
Putenrollbraten 61

QS-Prüfzeichen 11
Quark 20, 46, 87, 91
Quarkmousse 91
Quarkspätzle 46

Radicchio 35
Radieschen 30, 37
Rapsöl 14, 23, 26, 30ff., 35, 38, 48, 53f., 57, 59, 66, 69, 82, 86

Räucherforelle 38
Räuchermakrele 36
Reisblätter 66
Riesling 20
Rinderfilet 57
Rinderschulter 56
Rindertatar 28
Rindfleisch 11f., 28, 56f.,
Risottoreis 80
Roggenmischbrot 78
Roggensauerteigbrot 31, 38, 45
Rollmops 71
Rosenpaprika 18
Rosinen 41
Rosmarin 36, 61, 63
Rostbraten 52
Rösti 40
Rotkohl 35, 54
Rotschmierkäse 78
Rotwein 86
    Rotweinbirne 86
    Rotweinessig 24, 35, 54
Rucola 28

Sahne 41, 56, 70, 78
Salate 28-36
Salatgurke 24, 30
Salbei 61
Sauerampfer 38
Sauerkraut 53
Sauermilch 10
Sauerteig 23
Saure Sahne 38, 42
Sauerteigbrot 15
Schalotten 42, 52, 54, 57, 59, 66f. , 70, 74, 78, 80,
Schaschlikzwiebeln 63
Schaumsuppe 20
Schellfisch 67
Schinken 31
    Schwarzwälder 42
Schluppen 80
Schmand 38, 51
Schmorgurken 51
Schnittlauch 20f., 30, 32, 37f., 46, 53, 56
Schokoladenpudding 92
Schwarzbrotknödel 78
Schweinefilet 26
Schweinefleisch 11f., 26, 49, 54,
Schweinenacken 49

Schweinerippchen 54
Schweineschulter 49
Selen 11, 67
Sellerie 23, 48, 51, 56, 60, 71
Senf 30, 32, 38, 51, 56, 60f., 89
    Senfbirnen 56
    Senfgurken 45
    Senfkörner 45, 49, 51, 71
    Senfkörnersauce 51
Sesamöl 67, 69
Sojasauce 54, 69
Spaghetti 28, 79
Spargel 76
Spätzle 52
Speck 26, 31f., 35, 66, 78
Spinat 41
    Spinattorte 41
Spurenelemente 11
Staudensellerie 23, 51, 56, 60
Steinpilze 21
Sternanis 92
Suppen 17-26
Sylvaner 45

Tapenade 36
Tee 91
Thunfisch 36
Thymian 23, 35f., 48, 60, 63, 72
Toastbrot 24, 67
Tomaten 24, 63, 67
    Tomatenmark 53f.
    Tomatensaft 28

Ultrahocherhitzung 10

Vanillecremepulver 87
Vanilleeis 89
Vanilleschote 86ff., 91f.
Vitamine 10ff., 16, 67
Vollkornbrot 15
Vollkornflocken 21
Vollkorntoast 67

Wacholderbeeren 64, 66, 71
Walnüsse 35, 78, 82,
Walnuss-Vinaigrette 35
Walnussöl 35
Weihnachtsente 64
Weißbrot 18, 37, 48, 52

Weißwein 20, 23, 48, 53, 60, 67, 70, 80
Weißweinessig 32, 36, 51
Wintersalat 35
Wirsing 78

Zander 74
Zanderfilets 74
Zimt 26, 56, 86, 91f.
Zink 10, 67
Zitrone 18, 23f., 31, 41, 48, 66, 70, 84, 89
Zitronengras 69
Zitronenmelisse 84
Zucchini 28, 58,
Zucker 14f.
    brauner 15
    weißer 15
    Zuckerrüben 15
Zwiebeln 18, 21, 23, 26, 30, 32, 36, 48f., 51f., 56f., 60, 63f., 71
Zwiebelsuppe 18

Die neue natürliche Küche

mit Andreas C. Studer

einfach, frisch, gesund

Freude am Kochen, Spaß am Essen und erstklassige Produkte – das gehört für Andreas C. Studer zusammen. Wer gerne kocht – und vor allem genießt –, der interessiert sich auch für das, was auf seinen Teller kommt. Der will sicher sein, dass die Zutaten frisch und von guter Qualität sind.

Natürlich Kochen heißt aber auch: unkomplizierte Rezepte, frische Zutaten, die den Charakter und Eigengeschmack von Fisch und Fleisch, von Gemüse und Kräutern nicht verfälschen. Denn Kochen ist und bleibt ein sinnliches Erlebnis!

Andreas C. Studer hat sich dies zum Prinzip gemacht. In diesem Buch hat er seine Lieblingsrezepte gesammelt: einfach, frisch und gesund.

Schmecken Sie einmal rein!

128 Seiten,
Hardcover mit Schutzumschlag,
19,90 €

vgs verlagsgesellschaft, Köln